U1011337

丛书主编　田家富

全国高等会计职业教育系列规划教材

财务管理实务习题与技能训练

主　编　高育清　张春敏　韩宗强
副主编　戴年昭　李上田　关继芳

WUHAN UNIVERSITY PRESS
武汉大学出版社

图书在版编目(CIP)数据

财务管理实务习题与技能训练/高育清,张春敏,韩宗强主编. —武汉:武汉大学出版社,2011.8
全国高等会计职业教育系列规划教材/田家富主编
ISBN 978-7-307-08919-8

Ⅰ.财… Ⅱ.①高… ②张… ③韩… Ⅲ.财务管理—高等职业教育—习题集 Ⅳ.F275-44

中国版本图书馆 CIP 数据核字(2011)第 131030 号

责任编辑:胡　荣　　责任校对:刘　欣　　版式设计:马　佳

出版发行:**武汉大学出版社**　(430072　武昌　珞珈山)
(电子邮件:cbs22@whu.edu.cn 网址:www.wdp.com.cn)
印刷:武汉珞珈山学苑印刷有限公司
开本:787×1092　1/16　印张:7.5　字数:173 千字　插页:1
版次:2011 年 8 月第 1 版　2012 年 7 月第 2 次印刷
ISBN 978-7-307-08919-8/F·1550　定价:15.00 元

总 序

我国高等职业教育经过十年的发展，取得了举世瞩目的成就。特别是经过三年的示范建设，我们在校企合作、工学结合、人才培养模式改革、师资队伍建设、课程建设、教材建设等方面取得了一定的成绩，但也存在一些不尽如人意的地方。作为高职战线的一线工作者，我们一直在实践，一直在思考，一直在探索。

高职教育发展到今天，必须进行改革，这是大家的共识，改革的路径怎么选择？就是按照教育部2006年16号文件《关于全面提高高等职业教育教学质量的若干意见》（以下简称教育部16号文件）的精神和高职教育“十二五”发展规划的要求进行。但怎么改？只有靠我们一线从事高职教育的老师去实践，去探索，不能人云亦云，不能断章取义，不能望文生义，不能浅尝辄止，更不能玩花架子。我们要把老师的心思真正用在教学改革上，要把老师的时间、精力真正用在教学改革上。改革不可能一蹴而就，改革是要付出代价的，改革是要有点精神的！

教学改革的依据是什么？我个人认为，我们必须充分考虑以下四个问题：一是高等教育大众化的背景；二是教学对象的实际（现有认知结构）；三是产业结构的调整与发展；四是科学技术的发展，在教育上就是现代教育技术手段的应用。只有将这四个问题研究透了，分析透了，我们的教学改革才能落到实处，才能有成效。

教学改革的目标是什么？提高教学质量！我们一切工作的出发点和落脚点就是提高教学质量，这是永恒的主题！提高教学质量的关键是教师。换句话说，改革的意识、改革的观念、改革的思路必须在一线的教师中真正生根发芽，必须由一线的教师认真地加以实践，只有这样改革才能成功。不依靠一线教师而进行的改革，是形式主义，是空中楼阁。由此看出，对一线教师改革意识、改革观念、改革思路的培养与提高就显得非常重要。教育部16号文件精神不是一次两次会议就能够理解透彻的。我们必须在理解文件精神的实质上下苦工夫，在改革的实践上下苦工夫，在改革的系统工程上下苦工夫。因此，我们必须通过课程建设、教材建设以及其他平台，让教师在实践中深刻理解教育部16号文件精神的实质。

教学改革改到深处，改到痛处，是课程改革，是教材改革。我们只有真正研制出特色教材、精品教材，才能为人才培养模式改革与创新提供支撑，才能为教学方法的改革提供支撑，才能为精品课堂提供支撑。

教材建设是专业建设中的一项基本建设，我们必须高度重视。教材是教学指导思想、培养目标、教学要求、教学内容的具体体现。教师通过教材全面、具体地理解教学要求与教学内容，以它为依据进行讲授并组织教学活动。学生以它为依据进行学习，通过教材掌握规定的知识和技能。实践证明，选一本好教材对提高教学质量至关重要。我们现在搞的课程建设与改革或者说精品课程建设，最终还是体现在教材建设上。同时，教材建设也是把精品课程转化为精品课堂的关键环节。

教材是什么？这个问题似乎有点老套！但最近对教材的讨论和争议比较多，有不同的观点！“教材是道具”这是我个人的观点。道具好一些，精一些，演出效果会好一些，这是毋庸置疑的。教师上课依纲据本固然没错，但我认为要是把教材看成是死板的、没有生命力的、单纯为完成教学目标而使用的一种介质就有问题了。著名的教育家叶圣陶老先生曾经说过：“教材无非是个例子。”作为教师是用教材教，而不是教教材。我们一定要注意这个问题。从这个角度讲，教材一定要经典，不是花里胡哨，不是加这个，加那个，搞得五花八门。

高职高专教材建设的现状令我们不是很满意。纵观我国高职教育十年的发展，配套教材可以说是百花齐放，五花八门，既涌现了一批优秀的、有特色的教材，也出现了一批粗制滥造、滥竽充数的教材。具体存在以下问题：

1. 功利性太强，作者队伍参差不齐。最大的功利性表现在纯粹是为了评职称而参加教材的编写。有些作者对教育部16号文件精神和高职教育改革的最新理论成果一知半解，生搬硬套，贴标签；还有些作者对一些基本概念、基本知识和基本技能把握不准。这反映了高职教育十年的快速发展，导致师资队伍不能满足高职发展和改革的需要。

2. 教材版本一是多，二是乱，不成体系，不配套，导致我们无法选出顺手的、满意的教材。近年来，我们选用教材换了多种版本，总是看起来花哨，但是错误和漏洞百出。有的是教材没有配套的习题和技能训练，有的虽有习题和技能训练，但与教材内容又不配套，让我们非常苦恼。导致这个现状的原因主要有两个：一是出版社的问题，对一套教材的编写缺乏规划，缺乏专业编辑，缺乏科学的组织，缺乏资金的投入。二是学校的问题，缺乏对教师参加教材编写的统筹、组织与协调。教师参加教材的编写基本上停留在个人行为上，甚至出现大量的作者只参加教材的编写、学校不使用教材的现象。这样是不可能写出高质量的教材的。

3．教师参加教材编写的积极性不高或者积极性没有得到充分发挥。一是虽然职称评审需要编写教材，但不是考核的主要指标。现在对高职教师职称的评审主要关注教师的企业工作经历和课程建设情况，但没有教材编写也不行。因此，有些老师不愿意在教材编写上下太大的工夫，不愿意投入时间和精力。二是作者的劳动报酬与投入的时间、精力不匹配，觉得不划算。一本高质量的教材，往往需要作者或者一个教学团队数年甚至数十年的努力和积累，才能够研制出来。

4．片面理解"教学做一体化"。教育部16号文件明确指出"改革教学方法和手段，融'教、学、做'为一体，强化学生能力的培养"。结果，有些地方、有些老师对这句话进行了片面理解，有的甚至认为将习题与技能训练放在教材每章的后面就是教学做一体化了，甚至认为在人才培养方案中将实训课程单独列出来没有体现教学做一体化！这样，一方面人才培养方案不伦不类，另一方面教材不伦不类，弱化了学生的训练次数，严重降低了教学质量。

"融'教、学、做'为一体"，应该有多方面的理解。一是在人才培养方案中怎么体现？二是在课程中怎么体现？三是在教材中怎么体现？四是在教学方法上怎么体现？五是在教学模式上怎么体现？六是在教学组织形式上怎么体现？七是在不同的专业上应该怎么体现？

在高职会计专业教材建设中，我们必须以会计专业的人才培养目标为依据。高职会计专业的培养目标是：以各类中小企业及其他经济组织会计岗位（群）的任职能力要求为目标，培养德、智、体、美、劳全面发展，掌握会计专业基本知识和职业技能，具备良好职业道德和操作规范、严谨细致的会计职业素养，在校期间取得会计从业资格证书，毕业后能够采用手工或者利用电子计算机技术从事中小企业的出纳岗位工作、会计核算岗位工作、财务管理岗位工作、涉税业务处理岗位工作和会计监督岗位工作，并具有可持续发展能力的高素质技能型人才。这个目标始终是纲，不能动摇，不能降低！降低了就不是会计专业了，就变成"收银员"培训班了。如果这样，放在培训机构就可以了，就不需要学校教育了。

我个人认为在高职会计专业教材建设中，以下几个问题必须认真抓好：

1．按照工作过程系统化来开发课程和研制教材。第一，职业特征的课程或教材都来源于工作过程。知识来源于实践，人类知识是在长期的实践中不断总结的成果。第二，系统化就是一个加工过程，用时髦的话讲就是将行动领域转化为学习领域的过程。这个系统化的方法选择太重要了！以前，我们的课程和教材也是一种系统化，决不能说这种系统化的方法不科学，只是这种方法适合于抽象思维能力强的人群，而相对于高等教育大众化后抽象思维能力弱的高职学生来讲，这个系统化的方法要重新选择。这就是我们课程改革、教材改革的重点和难点。第三，会计工作过程系统化的重点和难点在哪里？在会计核算基本技术这门课程上！实际上，我们以前的财务会计、财务管理、审计、出纳业务、会计信息化等课程就是按照工作过程进行系统化设计的，或者说是按照岗位来设计的。我们没有必要把前人的经验全部推翻！

2. 校企合作共同开发教材。在教材的研制过程中，我们坚持“从实践中来，到实践中去”，就必须依靠行业、企业专家。只有这样，我们的教材内容、所采用的实训素材才能真正来源于社会实际生活，才能与社会实际生活相符。在此基础上，我们再进行提炼，做到来源于生活但又高于生活，从而达到理论和实践的完美结合。

3. 必须与行业标准和职业资格接轨。会计的行业标准，就是财政部制定的标准，不管怎么改革，我们必须围绕这个标准来做，否则，就是瞎折腾！

研制出一套能全面准确地阐述和把握会计专业最新的发展动态和理论成果，充分吸收本专业国内外前沿研究成果，科学系统地归纳知识点的相互联系与发展规律，反映高职学生的心理特点和认知规律的会计系列教材，是我们广大会计教育工作者义不容辞的责任和义务。基于此，2010 年 12 月底，在武汉大学出版社和襄樊职业技术学院经济管理学院的大力支持下，我们组织了全国 34 所高职院校和部分本科院校的会计系主任、会计教研室主任和会计专业教师 60 多人，齐聚湖北襄阳，从讨论会计专业课程标准入手，共商编写一套体系完整、内容翔实、特色鲜明、质量上乘的会计系列教材。经过无数次的讨论、碰撞与磨合，我们取得了共识，并开始着手教材的编写工作。这些教材是老师们几十年教学经验的积累，是长期致力于教学改革的成果。有的课程是国家级精品课程，有的是教育部教指委精品课程，有的是省级精品课程，有的是院级精品课程。这次出版可共享教学改革的成果，同时也起到抛砖引玉的作用，希望后人能够不断创新，研制出更好的会计教材。

尽管我们在编写这套系列教材过程中进行了不懈的探索，付出了艰辛的劳动，并取得了一定的成果，但我们深感做得还很不够，需要我们改革的地方，需要我们突破的地方，需要我们创新的地方还很多，任重道远。加之时间仓促以及认识水平上的差异，这套系列教材不可避免地存在一些缺点和不足，我们恳请广大读者和同行不吝赐教。

一套精品教材，必须经过多次磨合、反复修改，才能逐步完善。路漫漫其修远兮，吾将上下而求索。在下一次修订出版时，我们会做得更好！

田家富

教育部高职高专工商管理教指委财务会计分委会委员

会计核算基本技术国家级精品课程负责人

国家级精品课程评审专家

湖北省高职学会财经教学组副组长

襄樊职业技术学院经济管理学院教授、院长

前　言

为了满足高职会计专业学生培养目标的需要，帮助学生在校期间获取相应的会计从业资格证书，毕业后能够熟练从事中小企业的财务管理岗位工作，并且具有相应的可持续发展能力，我们结合当前高职学生的特点、教学改革的成果，以及企业财务管理的实践经验，根据最新的《财务管理实务》教材，编写了《财务管理实务习题与技能训练》。本书依据各教学情境有针对性地设置练习，旨在帮助学生熟练掌握课程的基础知识，以案例分析方式体现企业理财的观念、过程及内容，力图将相关理论知识及技能训练有机的结合起来，帮助学生树立理财观念，熟悉理财过程，不断提高在特定条件下作出理财决策、解决实际财务问题的能力。

本书内容与《财务管理实务》教材相匹配，分别安排了理财观念习题及技能训练、筹资管理习题及技能训练、项目投资管理习题及技能训练、营运资金管理习题及技能训练、收益分配管理习题及技能训练、财务预算习题及技能训练、财务控制习题及技能训练、财务分析习题及技能训练。

本书的主要特点为：

1. 习题与案例相结合，突出重点和难点。

2. 坚持“从实践中来，到实践中去”，采用的习题及案例分析素材来源于实际生活，经过提炼，实现理论和实践的完美结合。

3. 与职业资格接轨。本书内容的设置及难易度以会计职业资格为标准并体现高职学生的认知特点。

本书由高育清任第一主编，张春敏、韩宗强任主编，戴年昭、李上田、关继芳任副主编，周军、王玲、黄艳、廖超如也参与了本书的编写。具体分工如下：

1. 学习情境一“理财观念”由李上田编写；

2. 学习情境二“资金筹集管理”由韩宗强编写；
3. 学习情境三“项目投资管理”由戴年昭编写；
4. 学习情境四“营运资金管理”由周军编写；
5. 学习情境五“收益分配管理”由关继芳、廖超如编写；
6. 学习情境六“财务预算”由高育清编写；
7. 学习情境七“财务控制”由王玲、黄艳编写；
8. 学习情境八“财务分析”由张春敏编写。

最后，由高育清修改、统稿。

在编写过程中，我们参考了大量的财经类教材与相关著述，在此向原作者表示感谢。由于时间仓促，加之认识水平上的差异，这套习题及技能训练不可避免地存在一些缺点和不足，恳请广大读者和同行赐教。

编　者

2011 年 6 月

目 录

学习情境一 理财观念

一、单项选择题

1. 财务管理是组织企业财务活动，处理各方面财务关系的一项（　　）管理工作。

A. 人文　　B. 社会　　C. 物质　　D. 经济

2. 财务关系是企业在组织财务活动过程中与有关各方面所发生的（　　）。

A. 经济往来关系　　B. 经济协作关系　　C. 经济责任关系　　D. 经济利益关系

3. （　　）是企业资金运动的起点。

A. 筹资活动　　B. 投资活动　　C. 运营活动　　D. 分配活动

4. 下列属于间接投资的是（　　）。

A. 购买政府公债　　B. 购买专利权　　C. 开办商店　　D. 购置设备

5. 财务管理的基本环节是指（　　）。

A. 筹资和投资

B. 资产、负债和所有者权益

C. 预测、决策、预算、控制和分析

D. 筹资活动、投资活动、资金营运活动和资金分配活动

6. （　　）是指在财务管理过程中，利用有关信息和特定手段，对企业的财务活动施加影响或调节，以便实现计划所规定的财务目标。

A. 财务预测　　B. 财务决策　　C. 财务预算　　D. 财务控制

7. 财务管理的核心工作环节为（　　）。

A. 财务预测　　B. 财务决策　　C. 财务预算　　D. 财务控制

8. 企业与债权人的财务关系主要体现为（　　）。

A. 投资与收益关系　　B. 税收征纳关系

C. 投资与受资关系　　D. 债务债权关系

9. 在下列经济活动中，能够体现企业与投资者之间财务关系的是（　　）。

A. 企业向职工支付工资　　B. 企业向其他企业支付货款

C. 企业向国家税务机关缴纳税款　　D. 股份制企业向股东支付股利

10. 我国财务管理的最优目标是（　　）。

A. 产值最大化　　B. 利润最大化

C. 每股利润最大化　　D. 股东财富最大化

11. 在下列各项中，能够反映上市公司价值最大化目标实现程度的指标是（　　）。

A. 总资产报酬率　B. 净资产收益率　C. 每股市价　D. 每股利润

12. 企业目前有一台设备，可以对外出租取得租金收入，也可以自己用于生产产品。企业选择自己使用，则租金收入叫（　　）。

A. 历史成本　B. 机会成本　C. 差量成本　D. 可变现净值

13. 表示资金时间价值的利息率是由（　　）决定。

A. 银行同期贷款利率　B. 银行同期存款利率

C. 社会资金平均利润率　D. 加权资本成本率

14. 在利息率和现值相同的情况下，若计息期为一期，则复利终值和单利终值（　　）。

A. 前者大于后者　B. 不相等　C. 后者大于前者　D. 相等

15. 以下不属于年金收付方式的有（　　）。

A. 分期等额付款　B. 发放养老金

C. 开出支票足额支付购入的设备款　D. 每年相同的销售收入水平

16. 在下列各项资金时间价值系数中，与资本回收系数互为倒数关系的是（　　）。

A. $(P/S, i, n)$　B. $(P/A, i, n)$　C. $(S/P, i, n)$　D. $(S/A, i, n)$

17. 偿债基金是（　　）。

A. 复利终值的逆运算　B. 复利现值的逆运算

C. 普通年金终值的逆运算　D. 普通年金现值的逆运算

18. 下列各项中，代表先付年金现值系数的是（　　）。

A. $[(P/A,i,n+1)+1]$　B. $[(P/A,i,n+1)-1]$

C. $[(P/A,i,n-1)-1]$　D. $[(P/A,i,n-1)+1]$

19. 关于递延年金，下列说法中不正确的是（　　）。

A. 递延年金无终值，只有现值

B. 递延年金终值计算方法与普通年金终值计算方法相同

C. 递延年金终值大小与递延期无关

D. 递延年金的第一次支付是发生在第一期末以后的若干期

20. 不影响递延年金终值计算的因素有（　　）。

A. 期限　B. 利率　C. 递延期　D. 年金数额

21. 下列各项中（　　）会引起企业财务风险。

A. 举债经营　B. 组织结构不合理

C. 采购决策失误　D. 新材料出现

22. 经营风险可由多种原因引起，但所有原因引起的经营风险最终都表现为（　　）。

A. 收入的高低变化　B. 成本的高低变化

C. 利润的高低变化　D. 股价的高低变化

23. 标准差主要由各种可能值与期望值之间的差距所决定。它们的差距越大，意味着有关方案包含的（　　）。

A. 风险越大　B. 风险越小　C. 效益越大　D. 效益越小

24. 为比较期望报酬率不同的两个或两个以上方案的风险程度，采用的指标是(　　)。

A. 标准离差　B. 标准离差率　C. 概率　D. 风险报酬率

25. 如果投资组合包括了所有公司的股票，则投资人只承担（　　）。

A. 系统风险　B. 非系统风险　C. 特有风险　D. 经营风险

二、多项选择题

1. 财务管理内容包括（　　）。

A. 财务活动　B. 生产管理　C. 技术管理　D. 财务关系

2. 企业财务活动包括（　　）。

A. 筹资活动　B. 投资活动　C. 资金营运活动　D. 分配活动

3. 企业财务关系包括（　　）。

A. 企业与国家的财务关系

B. 企业与投资者、受资者的财务关系

C. 企业与债权债务人的财务关系

D. 企业与职工之间的财务关系

4. 关于企业财务管理目标的观点有（　　）。

A. 利润最大化　B. 每股利润最大化

C. 市场占有率最大化　D. 股东价值最大化

5. 以利润最大化作为财务管理目标的不足之处在于（　　）。

A. 没有揭示利润与现金的关系　B. 没有考虑企业的可持续发展

C. 没有考虑实现利润的风险因素　D. 没有考虑资金时间价值

6. 以股东价值最大化作为财务管理目标具有的优点是（　　）。

A. 考虑了获取资金的时间价值

B. 考虑了获取利润的风险因素

C. 有利于克服管理上的片面性和经营的短期行为

D. 反映了企业当前的获利能力

7. 财务管理的环节包括（　　）。

A. 财务关系　B. 财务预算　C. 财务分析　D. 财务控制

8. 下列各项中，属于企业筹资引起的财务活动有（　　）。

A. 偿还借款　B. 购买国库券

C. 支付股票股利　D. 利用商业信用

9. 下列属于资金营运活动的有（　　）。

A. 采购材料支付货款　B. 销售产品收取货款

C. 短期借款　D. 长期借款

10. 企业的财务管理环境是指对企业财务活动产生影响作用的企业外部条件，主要包括（　　）。

A. 法律环境　B. 金融环境　C. 经济环境　D. 投资环境

11. 下列属于基本金融工具的有（　　）。

A. 货币　　B. 远期合约　　C. 债券　　D. 股票

12. 金融市场按交易对象的时间长短分为（　　）。

A. 货币市场　　B. 国债市场　　C. 资本市场　　D. 同业拆借市场

13. 金融市场由（　　）等要素构成。

A. 交易主体　　B. 交易对象　　C. 交易工具　　D. 交易方式

14. 下列关于资金时间价值的表述，正确的有（　　）。

A. 资金时间价值是资金经过投资和再投资增加的价值

B. 资金时间价值必须按复利方式计算

C. 资金时间价值是一种客观存在的经济现象

D. 资金时间价值是指没有风险和没有通货膨胀条件下的社会平均资金利润率

15. 影响资金时间价值大小的因素主要包括（　　）。

A. 单利　　B. 复利　　C. 期限　　D. 利率

16. 年金是指一定时期内每期等额收付的系列款项，下列各项中属于年金形式的是（　　）。

A. 按照直线法计提的折旧　　B. 等额分期付款

C. 融资租赁的租金　　D. 养老金

17. 下列说法正确的是（　　）。

A. 普通年金终值系数和偿债基金系数互为倒数

B. 普通年金终值系数和普通年金现值系数互为倒数

C. 复利终值系数和复利现值系数互为倒数

D. 普通年金现值系数和资本回收系数互为倒数

18. 在下列各种情况下，会给企业带来经营风险的有（　　）。

A. 企业举债过度　　B. 原材料价格发生变动

C. 企业产品更新换代周期过长　　D. 企业产品的质量不稳定

19. 下列因素引起的风险中，可以分散的有（　　）。

A. 通货膨胀　　B. 某公司工人罢工

C. 公司在市场竞争中失败　　D. 新产品开发失败

20. 在财务管理中，衡量风险大小的指标有（　　）。

A. 标准离差　　B. 标准离差率　　C. β 系数　　D. 期望报酬率

21. 关于投资者要求的期望投资报酬率，下列说法中正确的有（　　）。

A. 风险程度越高，要求的报酬率越低

B. 无风险报酬率越高，要求的期望投资报酬率越高

C. 无风险报酬率越低，要求的期望投资报酬率越高

D. 风险程度越高，要求的期望投资报酬率越高

22. 投资报酬率的构成要素包括（　　）。

A. 通货膨胀率　　B. 资金时间价值　　C. 投资成本率　　D. 风险报酬率

23. 下列公式正确的是（　　）。

A. 风险收益率 = 风险价值系数 × 标准离差率

B. 风险收益率=风险价值系数×标准离差

C. 投资总收益率=无风险收益率+风险收益率

D. 投资总收益率=无风险收益率+风险价值系数×标准离差率

三、判断题

1. 企业的资金运动，既表现为钱和物的增减变动，又体现了人与人之间的经济利益关系。( )

2. 如果企业现有资金不能满足企业经营的需要，采取短期借款的方式来筹集所需资金，这样会产生企业资金的收付，这属于筹资活动。( )

3. 直接投资是把资金直接投放于金融资产，以便获取股利或利息收入。( )

4. 在一定的法律原则下，如何合理确定利润分配规模和分配方式，以使企业的长期利益最大，也是财务管理的主要内容之一。( )

5. 企业与受资者之间的财务关系是债权债务关系。( )

6. 民营企业与政府之间的财务关系是投资与受资关系。( )

7. 从财务管理的角度来看，企业价值所体现的资产的价值既不是其成本价值，也不是其现时的会计收益。( )

8. 随着分配过程的进行，资金或者退出或者留存企业，它必然会影响企业的资金运动，这不仅会表现在资金运动的规模上，而且表现在资金运动的结构上。( )

9. 以利润最大化作为财务管理目标可能导致管理者的短期行为。( )

10. 股东财富最大化目标的实现程度一般可以用企业股价来衡量。( )

11. 只要能获取最大的利润，就可以使企业价值最大化。( )

12. 企业的价值，在于它能给所有者带来未来报酬，包括获得股利和出售其股权获得收益。( )

13. 影响财务管理的经济环境因素主要包括经济周期、经济发展水平、经济政策和税收政策等。( )

14. 企业在经济衰退期，应该购进设备，储备生产能力。( )

15. 金融市场应该有固定的场所和工作设备，是一种有形的市场。( )

16. 在金融市场上，利率是一定时期购买资金这一特殊商品的价格。( )

17. 弹性理财观念要求财务决策能随着客观环境的变化不断进行调整，从而实现决策优化。( )

18. 一般说来，资金时间价值是指没有通货膨胀条件下的投资报酬率。( )

19. 资金时间价值经常用利率来表示，所以，资金时间价值的实质就是利率。( )

20. 国库券是一种几乎没有风险的有价证券，其利率可以表示资金时间价值。( )

21. 在利率和计息期数相同的条件下，复利现值系数与复利终值系数互为倒数；年金现值系数与年金终值系数互为倒数。( )

22. 永续年金无终值。( )

23. 当计息次数大于1时，名义利率大于实际利率。( )

24. 由于经营风险是指生产经营的不确定性带来的风险，是任何商业活动都有的，所

以它是不可分散风险。（ ）

25. 如果一个企业的息税前利润率高于其借入资金利息率，则该企业不存在财务风险。（ ）

26. 在市场经济条件下，风险与报酬是成反比的，即投资风险越大，获取的报酬越小。（ ）

四、计算分析题

1. A公司在2006年1月1日存入银行20 000元，年利率为12%。

（1）每年计息一次，2010年1月1日存款账户余额是多少?

（2）每季度计息一次，2010年1月1日存款账户余额是多少?

（3）若分别在2006年、2007年、2008年、2009年、2010年1月1日存入4 000元，仍按12%利率，每年计息一次，2010年1月1日余额是多少? 2010年12月31日的余额又是多少?

（4）为了达到第一问所得到的账户余额，假定分5年存入相等金额，从2006年1月1日起每期应存入多少金额?

2. 下列系列借款的年初、年末等额支付各为多少?

（1）第1年末借款10 000元，以后3年每年递增借款1 000元，按年利率10%计息。

（2）第1年末借款50 000元，以后5年每年递减借款2 000元，按年利率10%计息。

（3）第2年末借款20 000元，以后5年每年递增借款2 000元，按年利率10%计息。

3. B公司拟租赁一间厂房，期限是10年，假设年利率是10%，出租方提出以下几种付款方案：

（1）立即付全部款项共计20万元；

（2）从第4年开始每年年初付款4万元，至第10年年初结束；

（3）第1~8年每年年末支付3万元，第9年年末支付4万元，第10年年末支付5万元。 要求：通过计算回答该公司应选择哪一种付款方案比较合算。

4. 假定C公司贷款10 000元，必须在未来3年每年底偿还相等的金额，而银行按贷款余额的8%收取利息。要求：编制还本付息表（见表1-1，保留小数点后2位）。

表1-1 还本付息表 单位：元

年度	支付额	利息	本金偿还额	贷款余额
1				
2				
3				
合计				

5. A矿业公司决定将其一处矿产开采权公开拍卖，因此它向社会各煤矿企业招标开矿。已知甲公司和乙公司的投标书最具有竞争力。甲公司的投标书显示，如果该公司取得

开采权，从获得开采权的第1年起，每年末向A矿业公司交纳10亿美元的开采费，直到10年后开采结束。乙公司的投标书表示，该公司在取得开采权时，直接付给A矿业公司40亿美元，在10年后开采结束，再付给A矿业公司60亿美元。

要求：如果A矿业公司要求的年投资回报率达到12%，应该接受哪个公司的投标？

6. 张女士看到在邻近的城市中某品牌的火锅餐馆生意很火爆。她也想在自己所在的县城开一个火锅餐馆，于是找到业内人士进行咨询。该品牌火锅餐馆的中国总部工作人员告诉她，如果她要加入火锅餐馆的经营队伍，必须一次性支付50万元，并按该火锅品牌的经营模式和经营范围营业。张女士提出现在没有这么多现金，可否分次支付，得到的答复是如果分次支付，必须从开业当年起，每年年初支付20万元，付3年。3年中如果有一年没有按期付款，则总部将停止专营权的授予。假设张女士现在身无分文，需要到银行贷款，而按照张女士所在县城有关扶持下岗职工创业投资的计划，她可以获得年利率为5%的贷款扶持。

要求：请问张女士现在应该一次支付还是分次支付？

7. A公司某项投资的资产利润率概率估计情况如表1-2所示。假定该公司无负债，且所得税税率为25%。

表1-2 资产利润率概率估计

可能出现的情况	概率	资产利润率
1. 经济状况好	0.3	20%
2. 经济状况一般	0.5	10%
3. 经济状况差	0.2	-5%

要求：

(1) 计算资产利润率的期望值；

(2) 计算资产利润率的标准差；

(3) 计算税后资本利润率的标准差；

(4) 计算资产利润率的变异系数。

(计算结果保留小数点后两位)

五、案例分析题

【案例1】

昌盛企业财务管理目标演进

昌盛企业成立于1965年，属国营单位，当初设矿时，全部职工不过100人，拥有固定资产40万元，流动资金10万元，矿长王某等领导均享受国家处级待遇，并全部由上级主管部门——某地区煤炭管理局任命。企业的主要任务是完成国家下达的煤炭生产任务。

由于昌盛企业连年超额完成了国家下达的生产任务，多次被评为红旗单位，矿长王某也多次成为地区劳动模范。

昌盛企业生产的煤炭属优质煤，由国家无偿调配，企业所需的生产资料和资金每年均由某地区煤炭管理局预算下拨。

进入20世纪80年代，经济形势发生了深刻变化，计划经济结束，商品经济时代开始。由于国家对企业拨款实行有偿制，流动资金实行贷款制，产品取消调配制，导致昌盛企业昼夜之间产生了危机感，好在王矿长能够解放思想，大胆改革。首先成立了销售部，健全了会计机构，引入一批刚刚毕业的大学毕业生，在社会上又招聘了一批专业人才，使企业人员素质大幅提高，队伍壮大到300人。人员管理方面打破大锅饭，引入竞争机制，工效挂钩；物资管理方面实行限额领料、定额储备、定额消耗制度；成本管理方面推行全员负责制；生产管理方面实行以销定产，三班工作制；销售管理方面实行优质优价，送货上门制度等。

但昌盛企业从规模上毕竟属于中小企业，进入90年代随着市场经济的建立，以及国家抓大放小政策的实施，昌盛企业不得已走上了股份制改造之路，1994年10月，国家将企业的净资产2 000万元转化为2 000万股，向社会发售，每股面值1元，售价2元，民营企业家石某购得1 000万股，其余股份被50位小股东分割，石某成为当然的董事长，经董事会选举，董事长任命，杨某担任昌盛股份有限公司总经理。辛苦工作几十年，卓有贡献的王矿长就此离休了。

昌盛公司成立之后，决策层首先考虑负债融资问题，将目标资本结构定为自有与借入之比为1∶1；其次要考虑的是更新设备，引进先进生产线等重大投资问题。董事会决议：利用5年左右时间使企业的生产技术水平赶上一流，企业产品在本地区市场占有率达到20%，在全国市场占有率达到3%，资本（自有资金）报酬率达到26%，股票争取上市并力争使价格突破15元/股。

根据上述资料，请分析讨论以下问题：

（1）描述昌盛企业财务管理目标的演进过程。

（2）阐述昌盛企业财务目标具有的体制性特征。

（3）总结各种财务管理目标的优点及其局限性。

【案例2】

狮王食品公司：不可思议的奇迹

美国的狮王食品公司自诞生以来，不仅在竞争激烈的超市行业中站稳了脚跟，而且每年以平均20%的增长速度扩大，谁又可曾想到创业之初，公司差点倒闭，后来经果断改变策略，才终于起死回生。

其实，狮王食品公司的成功秘诀众人皆知：品种全、价格低。但是别的公司照此方抓药却并不灵验，总也达不到狮王食品公司的水准。该公司在价格低这一点上成为全美消费者的口碑，公司以仅略高于成本价、甚至有时以低于成本价的价格令购物者闻风而至。最难能可贵的是，别的公司仅在岁尾节前才削价出售商品，而狮王食品公司却能做到“天天在降价”。这种倾尽血本讨好消费者的做法不但没有使狮王食品公司元气大伤，反而让该公司获取了巨额利润，其间确有耐人寻味之处。

其秘密就在于狮王食品公司绝大多数商品以仅比成本高出些微的价格经营，而一小部分商品以低于成本价经营。这一小部分商品却对顾客有巨大的诱惑力，把顾客引进了商场，从而促进了那些占大多数的薄利商品的销售。大量的薄利的积累，不仅弥补了小量的亏本，而且使公司在总体上处于盈利状态。

首席执行官史密斯亲身经历了公司从困顿到繁荣的全过程，对公司薄利多销的政策深有体会。史密斯对狮王食品公司的经营宗旨做过一个著名的、一针见血的诠释："5个周转着的1分钱的价值大于1个闲置着的5分钱。"

阅读上述资料，如何理解"5个周转着的1分钱的价值大于1个闲置着的5分钱"？这句话反映了财务管理中的什么观念？

【案例3】

昌盛公司投资方案的讨论

昌盛公司现有1 000万元的暂时闲置资金，公司投资部三个工作小组分别提出三个投资方案。

甲方案：将三分厂（已出租，每年租金30万元）收回拆迁，进行房地产投资，投资期限2年。预计投资收益率为30%，预计标准差率为80%。

乙方案：投资股票，设定投资期限为2年，预计投资收益率为50%，预计标准差率为250%。

丙方案：将二分厂进行技术改造，扩大原有产品的规模和产品的技术含量，预计投资收益率为15%（二分厂原有投资收益率为10%），预计标准差率为30%。

在昌盛公司投资方案分析会上，甲小组认为，甲方案的主要特点是风险不大，收益高；乙方案虽然收益高，但风险太大；丙方案则收益率太低。故建议选择甲方案。

乙小组认为，乙方案虽然风险大，但报酬率很高，一旦遇到特殊风险，可及时收回，因此投资弹性很大，流动性强，故既可作为长期投资，还可作为公司的预备资金，以防不时之需；甲方案虽然风险不大，收益也较高，但企业为之每年将损失30万元的租金收入，而且放弃了三分厂原土地使用权，如果未来土地升值100%，企业还将损失巨大的土地增值收益，因此，甲方案从短期看是盈利，但从长期看却是亏本的投资；至于丙方案虽然风险较小，但收益也不高。故建议选择乙方案。

丙小组认为，丙方案虽然报酬低，但安全性高，不仅可以提高公司的收益水平，产生投资规模效益，提升公司的边际收益率，从长远看，选择丙方案还能提升公司的主营业务竞争力，使公司获得长远的发展基础。故建议选择丙方案。

根据上述资料，请分析讨论以下问题：

（1）从上面的讨论中，分析讨论者运用了哪些理财观念？

（2）假定不考虑其他因素，仅从收益与风险的角度分析，你认为昌盛公司应选择哪个方案，并说明理由。

学习情境二 资金筹集管理

一、单项选择题

1. 相对于股票筹资而言，债券筹资的缺点是（　　）。

A. 筹资速度慢　　B. 筹资成本高　　C. 筹资限制少　　D. 财务风险大

2. 下列各项中，不属于融资租赁租金构成项目的是（　　）。

A. 租赁设备的价款　　B. 租赁期间利息

C. 租赁手续费　　D. 租赁设备维护费

3. 假定甲企业的信用等级高于乙企业，则下列表述正确的是（　　）。

A. 甲企业的筹资成本比乙企业高　　B. 甲企业的筹资能力比乙企业强

C. 甲企业的债务负担比乙企业重　　D. 甲企业筹资风险比乙企业大

4. 某企业按“2/10，n/45”的条件购进商品一批，若该企业放弃现金折扣优惠，而在信用期满时付款，则放弃现金折扣的机会成本为（　　）。

A. 20.99%　　B. 28.82%　　C. 25.31%　　D. 16.33%

5. 某企业需借入资金 300 000 元。由于贷款银行要求将贷款数额的 20% 作为补偿性余额，故企业需向银行申请的贷款数额为（　　）。

A. 300 000 元　　B. 360 000 元　　C. 375 000 元　　D. 336 000 元

6. 某公司拟发行一种面值为 1 000 元，票面利率为 12%，期限为 3 年，每年付息一次的公司债券。假定发行时市场利率为 10%，则其发行价格应为（　　）。

A. 1 000 元　　B. 1 050 元　　C. 950 元　　D. 980 元

7. 某企业取得银行为期一年的周转信贷协定，金额为 100 万元，年度内使用了 60 万元（使用期平均 6 个月），假设利率为每年 12%，年承诺费率为 0.5%，则年终企业应支付利息和承诺费共为（　　）万元。

A. 3.8　　B. 3.95　　C. 3.6　　D. 4.25

8. 某企业资本总额为 150 万元，权益资金占 55%，负债利率为 12%，当前销售额 100 万元，息前税前盈余 20 万元，则财务杠杆系数为（　　）。

A. 2.5　　B. 1.68　　C. 1.15　　D. 2.0

9. 在个别资本成本的计算中，不必考虑筹资费用影响因素的是（　　）。

A. 长期借款成本　　B. 债券成本　　C. 留存收益成本　　D. 普通股成本

10. 企业全部资本中，权益资本与债务资本各占 50%，则企业（　　）。

A. 只存在经营风险　　B. 只存在财务风险

C. 存在经营风险和财务风险　　D. 经营风险和财务风险可以相互抵消

11. 一般情况下，下列筹资方式中，资本成本最低的是（　　）。

A. 发行股票　B. 发行债券　C. 长期借款　D. 保留盈余

12. 某企业本期财务杠杆系数为 1.5，本期息税前利润为 450 万元，则本期实际利息费用为（　　）。

A. 100 万元　B. 675 万元　C. 300 万元　D. 150 万元

13. 最佳资本结构是指（　　）。

A. 账面资本结构　　B. 行业平均资本结构

C. 市价计算的资本结构

D. 加权平均资本成本最低，企业价值最大的资本结构

14. 调整企业资本结构并不能（　　）。

A. 降低资本成本　　B. 降低财务风险

C. 降低经营风险　　D. 增加融资弹性

15. 补偿性存款余额的约束使借款企业受到的影响是（　　）。

A. 增加了所需支付的借款利息额　　B. 增加了实际可用借款额

C. 提高了实际借款利率　　D. 降低了实际借款利率

16. 长期借款筹资与长期债券筹资相比，其特点是（　　）。

A. 利息能节税　B. 筹资弹性大　C. 筹资费用大　D. 债务利息高

17. 相对于发行债券和利用银行借款购买设备而言，通过融资租赁方式取得设备的主要缺点是（　　）。

A. 限制条款多　B. 筹资速度快　C. 资金成本高　D. 财务风险大

18. 商业信用筹资的特点不包括（　　）。

A. 容易取得

B. 若没有现金折扣或使用不带息票据一般不负担成本

C. 期限较短

D. 在放弃现金折扣时成本较低

19. 短期负债筹资的特点不包括（　　）。

A. 筹资速度快，容易取得　　B. 筹资富有弹性

C. 筹资成本较低　　D. 筹资风险较低

20. 企业从银行借入短期借款，不会导致实际利率高于名义利率的利息支付方式是（　　）。

A. 收款法　B. 贴现法

C. 加息法　D. 分期等额偿还本利和的方法

21. 下列有关抵押借款和无抵押借款的说法不正确的是（　　）。

A. 抵押借款的资本成本通常低于无抵押借款

B. 银行主要向信誉好的客户提供无抵押借款

C. 银行对于抵押借款一般还要收取手续费

D. 抵押借款是一种风险贷款

22. 在下列各项中，能够引起企业自有资金增加的筹资方式是（　　）。

A. 吸收直接投资　　B. 发行公司债券

B. 利用商业信用　　D. 留存收益转增资本

23. 采用销售百分比法预测资金需要量时，下列各项中被视为不随销售收入的变动而变动的是（　　）。

A. 现金　　B. 应付账款　　C. 存货　　D. 公司债券

二、多项选择题

1. 普通股股东所拥有的权利包括（　　）。

A. 分享盈余权　　B. 优先认股权

C. 转让股份权　　D. 优先分配剩余资产权

2. 相对于发行债券筹资而言，企业发行股票筹集资金的优点有（　　）。

A. 增强公司筹资能力　　B. 降低公司财务风险

C. 降低公司资金成本　　D. 提高控制权

3. 下列指标中可以用来衡量财务风险的大小的有（　　）。

A. 经营杠杆系数　　B. 财务杠杆系数

C. 息税前利润的标准离差　　D. 每股利润的标准离差

4. 确定企业资金结构时，（　　）。

A. 如果企业的销售不稳定，则可较多地筹措负债资金

B. 为了保证原有股东的绝对控制权，一般应尽量避免普通股筹资

C. 若预期市场利率会上升，企业应尽量利用短期负债

D. 所得税率越高，举借负债利益越明显

5. 下列有关资本结构的表述正确的是（　　）。

A. 企业资金结构应同资产结构相适应

B. 资本结构变动不会引起资金总额的变动

C. 资本成本是市场经济条件下，资金所有权与使用权相分离的产物

D. 无差别点分析法是确定资本结构的一种定性分析法

6. 比较资本成本法（　　）。

A. 根据加权平均资本成本的高低来确定最优资本结构

B. 考虑了风险因素

C. 根据每股利润最高点来确定最优资本结构

D. 根据个别资本成本的高低来确定最优资金结构

7. 下列关于资本成本的说法中，正确的有（　　）。

A. 资本成本是企业为筹集和使用资金而付出的代价

B. 资本成本并不是企业筹资决策中所要考虑的唯一因素

C. 资本成本的计算主要以年度的相对比率为计量单位

D. 资本成本可以视为项目投资或使用资金的机会成本

8. 下列有财务关杠杆的表述正确的是（　　）。

A. 负债比率越高，财务杠杆系数越大

B. 财务杠杆表明息税前利润变动对每股利润的影响

C. 负债为0时，系数为1，表明无杠杆作用

D. 财务杠杆系数恒大于等于1

9. 利用每股利润无差别点进行企业资本结构分析时（　　）。

A. 当预计息税前利润高于每股利润无差别点时，采用权益筹资方式比采用负债筹资方式有利

B. 当预计息税前利润高于每股利润无差别点时，采用负债筹资方式比采用权益筹资方式有利

C. 当预计息税前利润低于每股利润无差别点时，采用权益筹资方式比采用负债筹资方式有利

D. 当预计息税前利润低于每股利润无差别点时，采用负债筹资方式比采用权益筹资方式有利

10. 企业调整资本结构的原因可能是（　　）。

A. 成本过高　　B. 风险过大　　C. 弹性不足　　D. 管理者的风险态度

11. 企业在负债筹资决策中，除了考虑资本成本因素外，还需要考虑的因素有（　　）。

A. 财务风险　　B. 偿还期限　　C. 偿还方式　　D. 限制条件

12. 优先股的优先权主要表现在（　　）。

A. 优先认股　　B. 优先取得股息

C. 优先分配剩余财产　　D. 优先行使投票权

13. 可以导致企业实际负担利率高于名义利率的有（　　）。

A. 利随本清法付息　　B. 贴现法付息

C. 补偿性余额　　D. 到期一次偿还贷款

14. 商业信用筹资的优点主要表现在（　　）。

A. 筹资风险小　　B. 筹资成本低

C. 限制条件少　　D. 筹资方便

15. 影响融资租赁每期租金的因素是（　　）。

A. 设备买价　　B. 融资租赁成本

C. 租赁手续费　　D. 租金支付方式

16. 与股票筹资方式相比，银行借款筹资的优点包括（　　）。

A. 筹资速度快　　B. 借款弹性大　　C. 使用限制少　　D. 筹资费用低

17. 影响债券发行价格的因素包括（　　）。

A. 债券面额　　B. 票面利率　　C. 市场利率　　D. 债券期限

18. 放弃现金折扣的成本受折扣百分比、折扣期和信用期的影响。下列各项中，使放弃现金折扣成本提高的情况有（　　）。

A. 信用期、折扣期不变，折扣百分比提高

B. 折扣期、折扣百分比不变，信用期延长

C. 折扣百分比不变，信用期和折扣期等量延长

D. 折扣百分比、信用期不变，折扣期延长

19. 股份公司申请股票上市，将会使公司（　）。

A. 资本大众化，分散风险的同时也会分散公司的控制权

B. 便于筹措新资金

C. 便于确定公司价值

D. 负担较低的信息披露成本

20. 下列选项中符合股票上市条件的是（　）。

A. 已向社会公开发行

B. 股本总额为人民币 4 000 万元

C. 公司发行的股份占公司股份总数的 40%

D. 公司最近 4 年无重大违法行为，财务会计报告无虚假记载

21. 下列情形中证券交易所可以决定终止其股票上市交易的是（　）。

A. 不再具备上市条件，在限期内仍不能达到上市条件

B. 不按规定公开其财务状况

C. 已经四年连续亏损

D. 公司解散或者被宣告破产

22. 下列选项中，符合债券发行条件的是（　）。

A. 净资产额为人民币 8 000 万元

B. 累计债券总额占净资产的 35%

C. 最近 3 年平均可分配利润够支付债券 2 年的利息

D. 有限责任公司净资产额为人民币 5 000 万元

23. 与其他长期负债筹资相比，债券筹资的特点包括（　）。

A. 筹资对象广　B. 成本低　C. 限制条件少　D. 风险大

24. 下列关于融资租赁的说法正确的是（　）。

A. 出租人通常负责租赁资产的折旧计提和日常维护

B. 租赁合同稳定，非经双方同意，中途不可撤销

C. 租赁期满后，租赁资产归还出租人

D. 租赁期限较长，一般超过租赁资产寿命的一半

25. 下列各项中，属于吸收直接投资与发行普通股筹资方式所共有缺点的有（　）。

A. 限制条件多　B. 财务风险大　C. 控制权分散　D. 资金成本高

26. 普通股成本之所以比债务资金高，主要原因有（　）。

A. 股利要从税后利润中支付　B. 股东人数众多

C. 发行费用较高　D. 股利支付率较高

三、判断题

1. 负债期越长，未来不确定性因素越大，因此，企业长期负债的偿还风险比流动负债要大。（　）

2. 一般而言，银行提供的非抵押借款的利率要低于抵押借款的利率。（　）

3. 融资租赁方式下，租赁期满后，设备必须作价转让给承租人。（　）

4. 无面值股票指股票票面不记载每股金额的股票，仅表示每一股在公司全部股票中所占有的比例。也就是说这种股票只在票面上注明每股占公司总资产的比重。（　）

5. 在债券面值与票面利率一定的情况下，市场利率越高，则债券的发行价格越低。（　）

6. 在杠杆租赁的情况下，如果出租人不能按期偿还借款，那么资产的所有权就要转归资金出借者。（　）

7. 收益债券是指债券持有人不仅能取得固定利息，还有权与股东一同参加利润分配的债券；而无息债券是指没有利息的债券。（　）

8. 对于同一个企业来说，其优先股的股利率一般大于债券的利息率。（　）

9. 增加负债比重，虽然会影响信用评级机构对企业的评价，但却可以降低资本成本。（　）

10. 拥有较多流动资产的企业，更多依赖流动负债来筹集资金。（　）

11. 在我国融资租赁业务中，计算租金的方法一般有平均分摊法和等额年金法。（　）

12. 广义的资金结构指长期资金（长期债务资金与主权资金）的构成及其比例关系。（　）

13. 资本结构的变动，除受资本成本、财务风险等因素影响外，还要受到其他因素的影响。（　）

14. 从理论上说，债权人不得干预企业的资金投向和股利分配方案。（　）

15. 无面值股票的最大缺点是该股票既不能直接代表股份，也不能直接体现其实际价值。（　）

16. 可转换债券转换成普通股后，可能导致公司的综合资本成本上升。（　）

17. 一般情况下，发行信用债券的企业不得将财产抵押给其他债权人。（　）

18. 尽管融资租赁比借款购置设备更迅速、更灵活，但租金也比借款利息高得多。（　）

19. 根据资金筹措的及时原则，企业应尽早地筹集生产所需的资金，以免影响生产经营的进行。（　）

20. 企业负债占销售额的比重越大，外部资金需要量就会越小。（　）

四、计算分析题

1. 根据下列资料进行计算：

（1）公司增发的普通股的市价为12元/股，筹资费用率为市价的6%，最近刚发放的股利为每股0.6元，已知该股票的资金成本率为11%，则该股票的股利年增长率为多少？

（2）某公司发行普通股股票600万元，筹资费用率5%，上年股利率为14%，预计股利每年增长5%，所得税率25%，该公司年末留存50万未分配利润用作发展之需，则该笔留存收益的成本是多少？

（3）某公司发行总面额为500万元的10年期债券，票面利率12%，发行费用率为5%，公司所得税税率为25%。该债券采用溢价发行，发行价格为600万元，该债券的资金成本为多少？

（4）某企业购入20万元商品，卖方提供的信用条件为“2/10，n/30”，若企业由于资金紧张，延至第50天付款，放弃折扣的成本是多少？

2. A公司向银行借入短期借款10 000元，支付银行贷款利息的方式同银行协商后的结果如下：

方案一：采用收款法付息，利息率为14%；

方案二；采用贴现法付息，利息率为12%；

方案三：利息率为10%，银行要求的补偿性余额比例为20%。

请问：如果你是该公司财务经理，你会选择哪种借款方式？请说明理由。

3. L公司2005—2009年的产销量和资金需要数量见表2-1，若预测2010年的预计产销量为78 000吨，试建立资金的回归直线方程，并预测2010年的资金需要量。

表2-1 银翔公司产销量与资金需要量表

年度	产销量（X）（万吨）	资金需要量（Y）（万元）
2005	6.0	500
2006	5.5	475
2007	5.0	450
2008	6.5	520
2009	7.0	550

4. X公司历史上现金占用与销售收入之间的关系见表2-2：

表2-2 X公司历史资料

年度	产销收入（元）	现金占用（元）
1	120 000	80 000
2	140 000	90 000
3	136 000	88 000
4	160 000	100 000
5	158 000	110 000

要求：

（1）采用高低点法计算不变资金和单位变动资金。

（2）当第六年的销售收入为190 000元时，预测其需要占用的现金数额。

5. N公司2010年有关的财务数据见表2-3：

表 2-3　　N 公司 2010 年有关的财务数据

项目	金额（万元）	占销售收入的百分比
流动资产	3 600	90%
长期资产	2 600	无稳定关系
资产合计	6 200	
短期借款	600	无稳定关系
应付账款	800	20%
长期负债	1 000	无稳定关系
实收资本	3 400	无稳定关系
留存收益	400	无稳定关系
负债及所有者权益合计	6 200	
销售额	4 000	100%
净利	200	5%
当年利润分配额	60	

要求：假设该公司实收资本一直保持不变，计算以下互不关联的两个问题：

(1) 假设 2011 年计划销售收入为 5 600 万元，需要补充多少外部融资（保持目前的利润分配率、销售净利率不变）?

(2) 若利润留存率为 100%，销售净利率提高到 6%，目标销售额为 4 500 万元，需要筹集补充多少外部融资（保持其他财务比率不变）?

6. F 公司现有资本总额 1 000 万元，全部为普通股股本，流通在外的普通股股数为 100 万股。为扩大经营规模，公司拟筹资 500 万元，现有两个方案可供选择：方案 A，以每股市价 10 元发行普通股股票；方案 B，发行利率为 9% 的公司债券。

要求：

(1) 计算 A、B 两个方案的每股收益无差异点（假设所得税税率为 25%）。

(2) 如果公司息税前利润为 200 万元，确定公司应选用的筹资方案。

(3) 如果公司息税前利润为 100 万元，确定公司应选用的筹资方案。

7. G 企业 2010 年资产总额为 1 000 万元，资产负债率为 40%，负债平均利息率 10%，息税前利润总额 2010 年为 200 万元，预计 2011 年为 300 万元，其他条件不变。

要求：

(1) 计算 DFL。

(2) 预计 2011 年的 ROE 增长率。

8. T 公司目前拥有资金 2 000 万元，其中，长期借款 800 万元，年利率 10%；普通股 1 200 万元，上年支付的每股股利 2 元，预计股利增长率为 5%，发行价格 20 元，目前价格也为 20 元，该公司计划筹集资金 100 万元，企业所得税率为 25%，有两种筹资方案：

方案 1：增加长期借款 100 万元，新借款利率为 12%，假设公司其他条件不变。

方案 2：增发普通股 4 万股，普通股市价增加到每股 25 元。

要求：

（1）计算该公司筹资前加权平均资本成本。

（2）用比较资本成本法确定该公司最佳的资金结构。

五、案例分析

【案例1】

H公司为什么不享受现金折扣?

H公司向Y公司购买原材料，Y公司开出的付款条件为“2/10，n/30”。H公司的财务经理查阅公司记录表明，会计人员对此项交易的处理方式为：一般在收到货物后15天支付款项，当财务经理询问公司会计为什么不争取现金折扣时，负责该项交易的会计不假思索地回答道：这一交易的资金成本仅为2%，而银行贷款成本却为12%。

根据上述资料，请分析讨论以下问题：

（1）会计人员错在哪里？他在观念上混淆了什么？丧失现金折扣的实际成本有多大？

（2）如果H公司无法获得银行贷款，而被迫使用商业信用资金（即使用推迟付款的商业信用筹资方式），为降低年利息成本，你应向财务经理提出何种建议？

【案例2】

商业资本撬动规模效应

从F电器近年的年报可以发现，该公司账上一直保持很高的货币资产。这些货币资产是怎么形成的，对公司影响怎么样，记者在该公司调研时发现：公司在利用商业资本。

该公司2000—2002年货币资金分别为16.09亿元、13.03亿元和17.65亿元，占总资产的比例分别为28.22%、18.88%和24.86%，这么高的比率在深沪两市的上市公司中实属罕见。细心的投资者还会发现，在该公司应收款项中，绝大部分是应收票据。近三年金额分别为11.15亿元、29.33亿元和28.72亿元。年报还显示，这些应收票据都是银行承兑汇票。据银行专业人士介绍，货币归账只是时间问题，而且最长不超过半年。从某种意义上讲，这些应收票据也可以看作货币资产。这样2000—2002年每年的货币资产就可以达到27.24亿元、42.36亿元和46.37亿元，分别占总资产的47.78%、61.39%、65.31%。如此充裕的货币资产，奥妙何在？

董事长秘书刘某一语道破，公司在利用商业资本。既然是商业资本，那么它必然在流通领域。这些资金来自哪里呢？记者发现，在财务报表的负债栏中，应付账款和预收账款与此密切相关。应付账款近三年金额分别为26.4亿元、29.3亿元、31.5亿元，预收账款分别为9.5亿元、15.8亿元、12.8亿元。二者总额每年分别为35.9亿元、45.1亿元、44.3亿元，基本上与货币资产相差无几。也就是说，高额的货币资产主要来自应付账款和预收账款。

据了解，该公司的应付账款绝大部分是欠上游企业的原材料款，而预收账款是下游经销商的提前订货款。这就是说，F电器将上下游的资金截流，为已所用，达到利用商业资本的目的。如果没有这两部分资金，该公司的货币资产将无从谈起。

记者也曾怀疑，这是否关联交易所致。但仔细翻年报后发现，应付账款的关联方只有大股东的子公司压缩机有限公司，金额也只有146万元。预付账款也只收了子公司上海F空调销售有限公司的贷款202万元。据刘某介绍，为保证质量，公司已基本上不从L压缩机有限公司购买压缩机了。

应付账款多并不奇怪，很多企业还款都是能拖就拖，但该公司近三年平均拥有12.7亿元的预付账款，令人惊叹。

F电器为什么能够利用商业资本？据介绍，该公司能够做到这一点，有多方面的原因，是技术、质量、服务和市场多方面综合形成的核心竞争力造成的。但该公司多年来独创的销售模式起了决定性作用。目前国内其他许多空调厂商都把销售权让给了专业家电连锁商店，价格等很多方面受其约束，厂商的谈判能力很低，预付账款根本无从谈起。惟有F电器拥有独立的销售网络，经销商遍布全国，而且经销商能够忠实地执行F电器的销售政策。刘某称这是F电器长期以来形成的，不是别人想学就学会的。这也是F电器能利用商业资本的主要原因。

这些资金的利用，对公司有什么影响呢？

F电器近三年的股东权益分别是16.18亿元、17.24亿元、18.35亿元，变化并不大，平均股东权益率只有26%。而其货币资产占总资产的比重三年平均高达58.16%。也就是说，如果刨去这些占用的商业资本，该公司的总资产规模将下降一半多。商业资本的运用支撑了F电器现有的规模，并且每年大量的存款为公司提供上千万元的利润，2002年该公司的财务费用是-3429万元。

资本规模扩大带来了销量的增长。数据显示，F电器的销售量逐年递增，2000年为193万台，2001年236万台，2002年又上升到282万台。F电器计划今年销量350万台，但据公司透露，今年完成400万台没有问题。

销量的增长又消化了产品毛利率走低的影响。随着电器行业竞争加剧，公司的毛利率逐年走低，2000年毛利率高达27.46%，2001年下降到21.90%，2002年却只有20.79%。但是，该公司的净资产收益率2000—2002年却依次为15.75%、15.82%、16.17%，保持稳定上升。刘某向记者表示，F电器不但要做到价格比其他品牌高，不盲目打价格战，更重要的是销售量也要领先。这是F电器在激烈的竞争中制胜的关键。

根据上述资料，请分析讨论以下问题：

(1) F电器是如何利用商业资本的？

(2) F电器在何种情况下能利用商业资本？这种方式有何风险？

(3) 商业资本在企业筹资中有何优点和缺点，它的成本主要包括哪些？

【案例3】

默多克的债务危机

很多公司在发展过程中，都要借助外力的帮助，体现在经济方面就是债务问题。债务结构的合理与否，直接影响着公司的前途、命运。世界头号新闻巨头默多克就曾有过一个惊险的债务危机故事。

默多克的事业庇荫于父亲。老默多克在墨尔本创办了导报公司，取得成功，在儿子继承父业时年收入已达400万美元了。默多克接手导报公司以后，筹划经营，多有建树，最终建成了一个每年营业收入达60亿美元的报业王国。它控制了澳大利亚70%的新闻业，英国45%的报业，又把美国相当一部分电视网络置于他的王国统治之下。

西方的商界大亨无不举债立业，向资金市场融资。默多克报业负债24亿美元，他的债务遍布全世界。那些大大小小的银行也乐于给他贷款，他的报业王国的财务机构里共有146家债主。正因为债务多，默多克对付起来也实在不容易，一发牵动全身，投资风险特高。若是碰到一个财务管理上的失误，或是一种始料未及的灾难，就可能像多米诺骨牌一样，把整个事业搞垮。

美国匹兹堡有家小银行，之前贷款给默多克1 000万美元。原以为这笔短期贷款到期可以付息转期，延长贷款期限，也不知从哪里听来的谣言，这家银行认为默多克的支付能力不佳，通知默多克这笔贷款到期必须收回，而且规定必须全额偿付现金。

默多克毫不在意，筹集1 000万美元现款轻而易举。他在澳洲资金市场上享有短期融资的特权，期限一周到一个月，金额可以高到上亿美元。他派代表去融资，却大出意外，默多克的特权竟被冻结了。因为对方说日本大银行将在澳大利亚资金市场上投入的资金抽了回去，头寸紧了。默多克得知被拒绝融资后很不愉快，他亲自带了财务顾问飞往美国去贷款。

到了美国，始料不及的是，那些跟他打过半辈子交道的银行家，这次像是联手对付他，都婉言推辞。默多克又是气恼又是焦急，他和财务顾问在美洲大陆兜来兜去，还是没有借到1 000万美元。而还贷期也一天天逼近，若是还不了这笔债，那么引起连锁反应，就不是匹兹堡一家银行闹到法庭，还有145家银行都会成群结队而来索还贷款。这样一来，默多克的报业王国就得清盘，被24亿美元债务压垮，而默多克也就完了。

此时的默多克有点手足无措，一筹莫展。但他毕竟是个经过风雨的大企业家。他强迫自己镇定下来思考，终于豁然开朗，决定去找花旗银行。花旗银行是默多克报业集团的最大债主，投入资金最多，如果默多克完蛋，花旗银行的损失最高。债主与债户原本同乘一条船，只可相帮不能拆台。花旗银行权衡利弊，同意对他的报业王国进行一番财务调查，将资产负债状况作出全面评估，取得结论后采取对策行动。

花旗银行的调查组把默多克报业的一百多家企业一个个拿来评估，最后完成了一份调查研究报告，结论是支持默多克！

解救方案是由花旗银行牵头，所有贷款银行都必须待在原地不动，谁也不许退出贷款团，以免一家银行退出，采取收回贷款的行动，而引起连锁反应。匹兹堡那家小银行，由花旗银行出面，对它施加影响和压力，要它到期续贷，不得收回贷款。

当报告提交到花旗总部时距离还贷最后时限只剩下10个小时。

花旗银行纽约总部的电话终于在最后时刻来了：同意调查组的建议，已经与匹兹堡银行谈过了，现在应由默多克自己与对方经理直接接触。

默多克松了一口气，迫不及待地拨通越洋电话到匹兹堡，不料对方经理避而不接电话，空气一下子紧张起来。默多克再挂电话，电话在银行里转来转去，最终落到贷款部主任那里。默多克听到匹兹堡银行贷款部主任的话音，发现对方一改先前拒人于千里之外的冷淡口气，忽而和悦客气起来："你是默多克先生啊，我很高兴听到你的声音呀，我们已决定向你继续贷款……"

默多克渡过了这一关，但他在支付能力上的弱点已暴露在资金市场上。此后半年，他仍然处在生死攸关的困境之中。由于得到了花旗银行牵头，146家银行一齐都不退出贷款团的保证，他有了充分时间调整与改善报业集团的支付能力，半年后，他终于摆脱了财务的困境。

阅读上述资料，请分析讨论以下问题：

（1）为什么这次财务危机中默多克有惊无险，他凭借的是什么？

（2）从这次财务危机可以看出，默多克的偿债能力已经很弱了，为什么很多银行还愿意贷款给他？

（3）结合本案例，分析高负债经营的利与弊。

【案例4】

D汽车制造公司筹资决策

D汽车制造公司是一个多种经济成分并存，具有法人资格的大型企业集团。公司现有50个生产厂家，还有物资、销售、进出口、汽车配件等4个专业公司，一个轻型汽车研究所和一所汽车工业学院。公司现在急需1亿元的资金用于技术改造项目。为此，总经理赵某召开由生产副总经理张某、财务副总经理王某、销售副总经理李某，某信托投资公司金融专家周某、某研究中心吴教授、某大学财务专家郑教授组成的专家研讨会，讨论该公司筹资问题。下面是他们的发言和有关资料。

总经理赵某首先发言，他说："公司技术改造项目经专家、学者的反复论证已被国务院正式批准。这个项目投资额预计为4亿元，生产能力为4万辆。项目改造完成后，公司的两个系列产品的各项性能可达到国际先进水平。现在项目正在积极实施中，但目前资金不足，准备筹措1亿元资金，请大家讨论如何筹措这笔资金。"

生产副总经理张某说："目前筹集的1亿元资金，主要是用于投资少、效益高的技术改造项目。这些项目在两年内均能完成建设并正式投产，到时将大大提高公司的生产能力和产品质量，估计这笔投资在投产后3年内可完全收回。所以应发行五年期的债券筹集资金。"

财务副总经理王某提出了不同意见，他说："目前公司全部资金总额为10亿元，其中自有资金为4亿元，借入资金为6亿元，自有资金比率为40%，负债比率为60%。这种负债比率在我国处于中等水平，与世界发达国家如美国、英国等相比，负债比率已经比较高了。如果再利用债券筹集1亿元资金，负债比率将达到64%，显然负债比率过高，财务风险太大。所以，不能利用债券筹资，只能靠发行普通股股票或优先股股票筹集资金。"

但金融专家周某却认为：目前我国金融市场还不完善，在目前条件下要发行普通股十分困难。发行优先股还可以考虑，但根据目前的利率水平和市场状况，发行时年股息率不能低于16.5%，否则无法发行。如果发行债券，因要定期付息还本，投资者的风险较小，估计以12%的利息率便可顺利发行债券。

来自某研究中心的吴教授认为：目前我国经济正处于繁荣时期，但政府已发现经济“过热”所造成的一系列弊端，正准备采取措施治理经济环境，整顿经济秩序。到时汽车行业可能会受到冲击，销售量可能会下降。在进行筹资和投资时应考虑这一因素，不然盲目上马，后果将是十分严重的。

公司的销售副总经理李某认为：治理整顿不会影响该公司的销售量。这是因为该公司生产的轻型货车和旅行车，几年来销售情况一直很好，畅销全国29个省、市、自治区，市场上较长时间供不应求。在近几年全国汽车行业质量评比中，轻型客车连续夺魁，轻型货车两年获第一名，一年获第二名。李某还认为，治理整顿可能会引起汽车滞销，但这只可能限于质次价高的非名牌产品，该公司的几种名牌汽车仍会畅销不衰。

财务副总经理王某补充说：“该公司属于股份制试点企业，执行特殊政策，税后资金利润率为15%，准备上马的这项技术改造项目，由于采用了先进设备，投产后预计税后资金利润率将达到18%左右。”所以，他认为这一技术改造项目仍应付诸实施。

来自某大学的财务专家郑教授听了大家的发言后指出：以16.5%的股息率发行优先股不可行。因为发行优先股所花费的筹资费用较多，把筹资费用加上以后，预计利用优先股筹集资金的资金成本将达到19%，这已高出公司税后资金利润率，所以不可行，但若发行债券，由于利息可在税前支付，实际成本大约为9%。他还认为，目前我国正处于通货膨胀时期，利息率比较高，这时不宜发行较长时期的具有固定负担的债券或优先股股票，因为这样做会长期负担较高的利息或股息。所以，郑教授认为，应首先向银行筹措1亿元的技术改造贷款，期限为1年，1年以后，再以较低的股息率发行优先股股票来替换技术改造贷款。

财务副总经理王某听了郑教授的分析后，也认为按16.5%发行优先股，的确会给公司造成沉重的财务负担。但他不同意郑教授后面的建议，他认为，在目前条件下向银行筹措1亿元技术改造贷款几乎不可能；另外，通货膨胀在近一年内不会消除，要想消除通货膨胀，利息率有所下降，至少需要两年时间。金融专家周某也同意王某的看法，他认为一年后利息率可能还要上升，两年后利息率才会保持稳定或略有下降。

阅读上述资料，请分析讨论以下问题：

(1) 你认为总经理最后应选择何种筹资方式？

(2) 本案例对你有哪些启示？

学习情境三

项目投资管理

一、单项选择题

1. 关于项目投资，下列说法不正确的是（　　）。
   A. 投资数额大，变现能力差
   B. 是以特定建设项目为投资对象的长期投资行为
   C. 影响时间短于一年或者一个营业周期
   D. 每个项目都至少涉及一项形成固定资产的投资
2. 关于项目投资，下列说法中正确的是（　　）。
   A. 计算期=建设期+达产期
   B. 计算期=试产期+建设期
   C. 达产期是指项目投入生产运营达到设计预期水平后的时间
   D. 从达产日到终结点之间的时间间隔称为运营期
3. 下列表达式中正确的包括（　　）。
   A. 原始投资=固定资产投资+无形资产投资
   B. 初始投资=建设投资
   C. 项目总投资=建设投资+建设期资本化利息
   D. 项目总投资=建设投资+流动资金投资
4. 以下不属于单纯固定资产投资项目的现金流出量的是（　　）。
   A. 建筑工程费投资　　B. 设备购置费投资
   C. 安装工程费投资　　D. 开办费
5. 计算投资项目现金流量时，下列说法正确的是（　　）。
   A. 仅考虑项目本身的现金流量
   B. 尽量利用历史的会计利润数据
   C. 需要考虑旧设备的历史成本因素
   D. 考虑项目对企业其他部门的影响
6. 下列各项中，不属于投资项目现金流出量内容的是（　　）。
   A. 固定资产投资　　B. 折旧与摊销
   C. 无形资产投资　　D. 新增经营成本
7. 计算投资方案的增量现金流量时，需要考虑的项目是（　　）。
   A. 沉没成本　　B. 原始价值

C. 变现价值　　　　　　　　　　D. 账面价值

8. 不同类型的投资项目，其现金流量的具体内容存在差异，不过它们的共同之处是（　　）。

A. 现金流入量中均包括增加的营业收入

B. 现金流入量中均包括补贴收入

C. 现金流入量中均包括回收的流动资金

D. 现金流入量中均包括增加的税款

9. 下列关于营业现金流量的计算公式不正确的是（　　）。

A. 营业现金流量=营业收入-付现成本-所得税

B. 营业现金流量=税后净利润+折旧

C. 营业现金流量=税后营业收入-税后付现成本+折旧抵税

D. 营业现金流量=收入×（1-税率）-付现成本×（1-税率）+折旧

10. 在现金流量估算中，以营业收入替代经营性现金流入是基于（　　）的假定。

A. 在正常经营年度内每期发生的赊销额与回收的应收账款大体相同

B. 经营期与折旧期一致

C. 营业成本全部为付现成本

D. 各期销售收入能全部收回现金

11. 包括建设期的静态投资回收期是（　　）。

A. 使得净现值为零的年限

B. 使得净现金流量为零的年限

C. 使得累计净现值为零的年限

D. 使得累计净现金流量为零的年限

12. 下列各项中，不影响项目投资收益率的是（　　）。

A. 建设期资本化利息　　　　　　B. 运营期利息费用

C. 折旧　　　　　　　　　　　　D. 所得税

13. 若某投资方案的净现值为正数，则该投资方案的（　　）。

A. 投资收益率小于资金成本

B. 投资收益率等于资金成本

C. 投资收益率大于资金成本

D. 投资收益率大于内部收益率

14. 当净现值为正数时，获利指数（　　）。

A. 小于 1　　　　　　　　　　B. 大于 1

C. 等于 1　　　　　　　　　　D. 小于 0

15. 关于内部收益率的说法不正确的是（　　）。

A. 投资人要求得到的最低收益率

B. 使未来现金流入量现值等于未来现金流出量现值的贴现率

C. 使投资方案净现值为零的贴现率

D. 方案本身的投资报酬率

16. 当某方案的获利指数大于1时，其内部收益率（　）。

A. 可能小于零　　B. 一定等于零

C. 一定大于设定折现率　　D. 等于设定折现率

17. 净现值、净现值率和获利指数指标共同的缺点是（　）。

A. 不能直接反映投资项目的实际收益率

B. 不能反映投入与产出之间的关系

C. 没有考虑资金的时间价值

D. 没有利用整个计算期净现金流量的信息

18. 下列评价指标中，其数值越小越好的是（　）。

A. 净现值率　　B. 投资回收期

C. 内部收益率　　D. 投资收益率

19. 下列各项中，属于项目投资决策非贴现评价指标的是（　）。

A. 投资收益率　　B. 获利指数

C. 净现值　　D. 内部收益率

20. 如果其他因素不变，折现率提高可以使（　）数值将会变小。

A. 净现值　　B. 投资收益率

C. 内部收益率　　D. 投资回收期

21. 在单一方案决策过程中，与净现值评价结果可能发生矛盾的评价指标是（　）。

A. 净现值率　　B. 获利指数

C. 项目计算期　　D. 内部收益率

22. （　）属于项目评价中的辅助指标。

A. 静态投资回收期　　B. 净现值

C. 内部收益率　　D. 获利指数

23. 如果（　），则不能认定该项目完全具备财务可行性。

A. 净现值大于0

B. 包括建设期的静态投资回收期大于项目计算期的一半

C. 投资收益率大于基准投资收益率

D. 不包括建设期的静态投资回收期小于项目运营期的一半

24. 对于原始投资额不同、项目计算期相同的多个互斥方案的比较决策，最适用的方法是（　）。

A. 投资回收期　　B. 净现值法

C. 净现值率法　　D. 投资收益率

二、多项选择题

1. 项目投资是一种以特定项目为对象，直接与新建项目或更新改造项目有关的长期投资行为。通常包括（　）。

A. 固定资产投资　　B. 无形资产投资

C. 流动资金投资　　D. 对外股权投资

2，项目投资与其他形式的投资相比，具有以下特点（　　）。

A. 投资金额大　　B. 影响时间长

C. 变现能力差　　D. 投资风险大

3. 项目投资具有的积极意义有（　　）。

A. 是实现社会资本积累功能的主要途径

B. 增强投资者技术经济实力

C. 扩大投资者生产经营规模

D. 提升投资者市场竞争能力

4. 原始总投资包括（　　）。

A. 固定资产投资　　B. 费用化利息

C. 资本化利息　　D. 流动资金投资

5. 投资项目包括（　　）三类。

A. 单纯固定资产投资项目　　B. 完整工业投资项目

C. 更新改造投资项目　　D. 股票投资

6. 单纯固定资产投资项目的现金流出量包括（　　）。

A. 固定资产投资　　B. 流动资金投资

C. 新增经营成本　　D. 增加的各项税款

7. 与项目相关的经营成本等于总成本扣除（　　）后的差额。

A. 折旧　　B. 无形资产摊销

C. 开办费摊销　　D. 计入财务费用的利息

8. 计算项目的现金流量时，需要考虑（　　）的影响。

A. 更新改造项目中旧设备的变现收入

B. 因项目的投产引起的企业其他产品销售收入的减少

C. 固定资产的折旧额

D. 以前年度支付的研究开发费

9. 在完整的工业投资项目中，经营期期末发生的回收额可能包括（　　）。

A. 原始投资　　B. 回收流动资金

C. 折旧与摊销额　　D. 回收资产余值

10. 下列关于评价投资项目的回收期法的说法中，正确的是（　　）。

A. 它忽视了时间价值

B. 没有考虑回收期后的收益

C. 主要用来测度项目的营利性

D. 主要用来测度项目的流动性

11. 计算净现值时的折现率可以是（　　）。

A. 投资项目的资金成本　　B. 投资的机会成本

C. 国库券利率　　D. 银行存款利率

12. 净现值指标的优点是（　　）。

A. 考虑了资金时间价值

B. 能够利用项目计算期的全部净现金流量信息

C. 考虑了投资风险

D. 可从动态的角度反映投资项目的实际投资收益率水平

13. 获利指数法与内含报酬法的共同之处在于（　　）。

A. 都是相对数指标

B. 都可以用于相互独立方案的比较

C. 都不能反映投资方案的实际投资收益率

D. 都考虑了货币时间价值因素

14. 确定一个投资方案可行的必要条件是（　　）。

A. 内部收益率大于0　　B. 净现值大于0

C. 获利指数大于1　　D. 内部收益率不低于贴现率

15. 投资决策分析使用的贴现指标有（　　）。

A. 净现值　　B. 投资回收期

C. 投资收益率　　D. 内部收益率

16. 在进行是继续使用旧设备还是购置新设备决策时，如果这两个方案的未来使用年限相同，且只有现金流出，没有流入。则合适的评价方法是（　　）。

A. 比较两个方案现金流出量的总现值

B. 计算方案的年平均成本

C. 内部收益率法

D. 获利指数法

三、判断题

1. 项目投资是以建设项目（包括特定建设项目和一般建设项目）为投资对象的一种长期投资行为。（　　）

2. 投资总额就是初始投资，是指企业为使项目完全达到设计的生产能力、开展正常经营而投入的全部现实资金。（　　）

3. 完整的项目计算期由试产期和达产期组成。（　　）

4. 对于单纯固定资产投资项目来说，如果项目的建设期为0，则说明固定资产投资方式是一次投入。（　　）

5. 项目投资决策中所使用的现金仅是指各种货币资金。（　　）

6. 基于项目投资的假设，企业归还借款本金不作为现金流出处理，但是企业支付利息需要作为现金流出处理。（　　）

7. 流动资金投资，是指项目投产前后分次或一次投放于流动资产项目的投资额，又称垫支流动资金或营运资金投资。（　　）

8. 原始投资的资金投入方式包括一次投入和分次投入。如果投资行为只涉及一个年度，则一定属于一次投入。（　　）

9. 在计算项目的现金流入量时，以营业收入替代经营现金流入是由于假定年度内没有发生赊销。（　　）

10. 甲企业的净收益低于乙企业的净收益，则甲企业的现金流量也低于乙企业的现金流量。(　　)

11. 机会成本虽然已经实际发生，但它并不是真正意义上的成本费用，而是一种收益的丧失。(　　)

12. 对于更新改造投资项目而言，在计算“运营期第一年所得税后净现金流量”时，该年因更新改造而增加的息税前利润中应包括“旧固定资产提前报废发生的净损失”。(　　)

13. 根据“所得税后净现金流量=所得税前净现金流量-所得税”可知：所得税前净现金流量=所得税后净现金流量+所得税，所以，如果所得税发生变化，则所得税前净现金流量也会发生变化。(　　)

14. 投资回收期既考虑了资金的时间价值，又考虑了回收期后现金流量状况。(　　)

15. 投资项目评价的获利指数法和内部收益率法都是根据相对比率来评价投资方案，因此都可用于独立投资方案获利能力的比较，不过两种方法的评价结论不一定相同。(　　)

16. 因为净现金流量等于税后利润加折旧，这说明折旧越多，现金净流量越大，投资项目的净现值也就越大。(　　)

17. 在全部投资均于建设起点一次投入，建设期为零，投产后每年净现金流量相等的情况下，为计算内部收益率所求得的年金现值系数应等于该项目的投资回收期。(　　)

18. 只要经营期的前几年经营净现金流量相等，均可用原始投资额除以年度经营净现金流量计算出不包含建设期的投资回收期。(　　)

19. 在评价投资方案优劣时，如果贴现指标的评价结果与非贴现指标产生矛盾，应以贴现指标的评价分析为准。(　　)

20. 在应用差额投资内部收益率法对固定资产更新改造投资项目进行决策时，如果差额内部收益率大于基准折现率或设定的折现率，就应当进行更新改造。(　　)

四、计算分析题

1. 某企业拟进行一项固定资产投资（均在建设期内投入），该项目的现金流量表（部分）如表 3-1 所示。

表 3-1　　现金流量表（部分）　　单位：万元

	建设期		运营期			
	0	1	2	3	4	5
净现金流量	-800	-200	100	600	C	1 000
累计净现金流量	-800	-1 000	-900	B	100	1 100
折现净现金流量	-800	-180	A	437.4	262.44	590.49

要求：

（1）计算表中用英文字母表示的项目的数值；

（2）计算或确定下列指标：静态投资回收期、净现值、原始投资以及原始投资现值。

2. 某企业准备投资一个单纯固定资产投资项目，采用直线法计提折旧，固定资产投资均在建设期内投入。所在的行业基准折现率（资金成本率）为10%，企业适用的所得税税率为25%。有关资料如表3-2。

表3-2　　单位：元

项目计算期	息税前利润	税后净现金流量
0		-100 000
1		0
2	20 000	35 000
3	30 000	42 500
4	30 000	42 500
5	30 000	42 500
6	20 000	38 000

要求：计算该项目的下列指标：

（1）初始投资额；

（2）年折旧额；

（3）回收的固定资产净残值；

（4）建设期资本化利息；

（5）投资收益率。

3. 某企业在建设起点投入固定资产420万元，建设期末投入无形资产50万元，投入开办费8万元，并垫支流动资金52万元，建设期为2年，建设期资本化利息为12万元。预计项目使用寿命为6年，固定资产净残值为12万元。项目投产后每年预计外购原材料、燃料和动力费为50万元，工资及福利费为10万元，修理费1万元，其他费用4万元，开办费在投产后第一年全部摊销，无形资产使用期限5年；每年预计营业收入（不含增值税）为200万元，适用增值税税率17%、城建税税率为7%、教育费附加率为3%。企业适用的所得税税率为25%。

要求：

（1）判断题中所述的项目属于哪种类型的投资项目，并计算初始投资额；

（2）计算每年的经营成本；

（3）计算每年的营业税金及附加；

（4）计算投产后各年不包括财务费用的总成本费用；

（5）计算投产后各年的息税前利润；

（6）计算各年所得税后的现金净流量。

4. A公司有甲、乙两种长期投资方案。甲方案一次投资额为20万元，乙方案一次投资额为18万元，有效使用期均为4年，甲方案期满无残值，乙方案期满有残值2万元。假定资金成本为14%，两个方案的有关现金流量资料见表3-3。

表3-3 现金流量情况表 单位：元

年份	甲方案的现金净流量	乙方案的现金净流量
1	70 000	50 000
2	70 000	60 000
3	70 000	60 000
4	70 000	70 000

要求：采用净现值法和获利指数法分别评定哪个方案较优。

5. 某企业拟建造一项生产设备。预计建设期为1年，所需原始投资200万元于建设起点一次投入。该设备预计使用寿命为5年，使用期满报废清理时无残值。该设备折旧方法采用直线法。该设备投产后每年增加净利润60万元。假定适用的行业基准折现率为10%。

要求：

（1）计算项目计算期内各年净现金流量。

（2）计算项目净现值，并评价其财务可行性。

6. A公司投资41 000元购入一台设备，该设备预计最终的残值为2 000元，可使用3年，税法规定的折旧按直线法计算，折旧年限为4年，税法预计残值为1 000元。设备投产后可以每年为公司增加40 000元销售收入和20 000元的付现成本。公司适用的所得税税率为40%，要求的最低投资报酬率为10%，目前年税后利润为30 000元。

要求：

（1）假定公司经营无其他变化，预测未来3年每年的税后利润；

（2）计算该方案的净现值；

（3）评价该方案是否可行。

7. 某项目初始投资60 000元，在第一年末现金流入25 000元，在第二年末现金流入30 000元，在第三年末现金流入35 000元。

要求：

（1）计算该项投资的内部收益率。

（2）如果资金成本为10%，计算该投资的净现值。

8. B公司有一投资项目，初始投资250万元，其中：设备投资220万元，开办费6万元，垫支流动资金24万元。该项目建设期为1年，建设期资本化利息10万元。设备投资和开办费于建设起点投入，流动资金于设备投产日垫支。该项目使用期为5年，按直线法折旧，预计残值为10万；开办费于投产后第1年承担。预计项目投产后第1年可获净利60万元，以后每年递增5万元。该公司要求的最低报酬率为10%。

要求：

（1）计算该项目各年现金净流量；

（2）计算该项目净现值。

9. 某企业打算变卖一套尚可使用5年的旧设备，另购置一套新设备来替换它。新设备的投资额为180 000元，旧设备的折余价值为90 000元，其变现净收入为80 000元，到第五年末新设备与继续使用旧设备届时的预计净残值相等。新旧设备的替换将在当年内完成（更新设备的建设期为零）。使用新设备可使企业在第一年增加营业收入50 000元，增加付现成本25 000元；从第2年至第5年内每年增加营业收入60 000元，增加付现成本30 000元。设备采用直线法计提折旧。适用的所得税税率为25%，项目最低投资报酬率为10%。

要求：

（1）计算项目各年现金流量（旧设备折旧按变现净收入确定）；

（2）用净现值法评价该企业应否投资此项目。

10. C公司正面临印刷设备的选择决策。它可以购买10台甲型印刷机，每台价格8 000元，且预计每台设备每年的修理费为2 000元。甲型设备将于第四年末更换，预计无残值收入。另一个选择是购买11台乙型设备来完成同样工作，每台价格5 000元，每台各年末的修理费用分别为2 000元、2 500元、3 000元。乙型设备需于3年后更换，在第三年末预计有500元/台的残值变现收入。

该公司此项投资的机会成本为10%；所得税税率为30%（该公司一直盈利），税法规定的该类设备折旧年限为3年，残值率为10%；预计选定设备型号后，公司将长期使用该设备，更新时不会随意改变设备型号，以便与其他作业环节协调。

要求：

（1）依据所学知识，分析可以采用哪些分析方法；

（2）分别计算甲乙设备的年平均成本；

（3）根据计算结果判断应购买哪一种设备。

五、案例分析

【案例1】

别在“沉没成本”中沉没

N钢铁厂是一家已开办了10年的乡镇企业，以生产生铁为主。2008年，该厂成为该县第一纳税大户。因此，厂领导当机立断，制定了更为宏伟的发展目标。2009年高考一过，立即贴出招工启事，以优惠条件招收当年高考落榜生500人，使职工人数猛增至1 300人。然后他们又把新招职工高价送至上海、成都、沈阳等钢铁技术学校培训。

2009年底，厂领导横下一条心，从银行贷款2.4亿元，分别从上海、哈尔滨、沈阳三地低价购买设备进行组装，拟建轧钢厂，生产东南亚及国内西南地区市场上紧缺的建筑用钢筋。同时，新厂厂址已破土动工，预计在设备运抵前竣工。然而，天有不测风云。2010年8月，新厂设备安装完毕，进行试运行阶段，虽有哈尔滨、上海、沈阳三家钢铁厂技师的协助，仍不能正常生产，试产产品质量很差。在无法改变这一局面的情况下，面对新招员工，厂领导只得把他们先分配到职工已过剩的炼铁厂，职工工资年内全部减半。这造成了一人的活三人做的局面，职工怨声载道，做事互相推诿。而与此同时，本县及邻县上马的几家小钢铁厂陆续投产，致使生铁价格猛跌。

至2011年8月，N钢铁厂已累计欠款达5.7亿元，轧钢厂仍不能投产，生铁却由于质量低劣严重滞销。此时钢铁厂的技术人员提出利用现有的设备进行改造，生产附属产品。可是，这意味着以前的大投入就彻底打了水漂。厂领导依然犹豫不决，他们希望通过改造，再次利用这些设备，从而挽回数亿元的损失，并重新杀入生铁市场，但由于资金问题一直不能落实。拖到2011年底，这套设备已经成了一堆废铜烂铁，一点利用价值都没有了，N钢铁厂不得不以破产告终。

阅读上述资料，请分析讨论以下问题：

（1）为什么说沉没成本是投资决策的非相关成本？

（2）N钢铁厂是如何在沉没成本中沉没的？

【案例2】

X公司新增生产能力投资额预测

X公司是一家历史悠久的钢铁生产企业，生产规模较大，市场产销两旺，公司发展前景非常乐观。2011年元旦过后的第一个工作日，公司经理召开第一次会议，动员全体职工积极行动起来，充分挖掘内部潜力，大搞技术革新，并号召大家献计献策，为完成全年生产任务努力工作。

在会上，经理介绍了今年的销售形势，认为对公司非常有利。根据市场调查资料测算，市场需求的趋势使公司每年的销售量有所增加，预计今年钢铁销售量可达480 000吨，比去年增加20%；如果公司能在较短期间增加固定资产投入，尽快形成生产能力，就能为公司创造可观的经济效益。

同时，公司经理根据市场需求量，结合自身实际，又做了进一步分析。公司现在具体情况为：

（1）现有生产设备10台，其中冷轧机4台，热轧机6台。每台设备台班产量均为40吨，每天开工三班，全年计划设备检修15天。

（2）如果按市场订单组织生产，计划年度冷轧机应生产钢材280 000吨，热轧机应生产钢材200 000吨。

（3）公司通过内部挖潜，充分利用原有旧设备，还可修复一台冷轧机，大约需要修理费用58 000元。

（4）现有市场价格：每台热轧机230 850元，每台冷轧机180 500元。

（5）公司劳动力充足。

（6）如果公司需要新增生产能力，其投资所需资金，公司能够通过合理的渠道加以解决。

最后，公司经理提出，大家商量商量，如果以销定产的计划可行，就请有关部门制订一个计划，测算一下新增设备的投资额。

根据上述资料，请分析讨论以下问题：

（1）根据X公司的2011年计划生产任务和现有生产设备，分析、计算生产能力是否充足。

（2）根据生产设备余缺情况，测算新增投资设备额。

（3）根据资料，综合测算X公司新增生产能力投资额。

【案例3】

东方日用品公司的新产品决策

2011年4月15日上午，东方日用品公司召开会议讨论产品开发及其资本支出预算等有关问题。目前公司正在生产A洗涤剂和B洗涤剂。

面对日益激烈的商业竞争和层出不穷的科技创新，东方日用品公司投入大量资金进行新产品的研究和开发工作，经过两年不懈努力，终于试制成功出一种新型高浓缩液体洗涤剂——C洗涤剂。该产品采用国际最新技术、生物可解配方制成，具有用量少、去污力强、使用方便的优点。

参加会议的有公司董事长、总经理、研究开发部经理、财务部经理等有关人员。会上，研发部经理首先介绍了新产品的特点、作用，研究开发费用以及开发项目的现金流量等。研发部经理指出，生产C洗涤剂的原始投资为500 000元，其中新产品市场调研费用100 000元，购置专用设备、包装用品设备等需投资400 000元，预计设备使用年限15年，期满无残值。按15年计算新产品的现金流量，与公司一贯奉行的经营方针是一致的，在公司看来，15年以后的现金流量具有极大的不确定性，与其预计误差，不如不予预计。

研发部经理列示了C洗涤剂投产后的公司现金流量，并解释新产品投产后会冲击原来两种产品的销量。C洗涤剂投产后的增量现金流量，见表3-4、3-5。

表3-4　　开发C洗涤剂后公司预计现金流量（年）

年份	现金流量（元）	年份	现金流量（元）
1	56 000	9	70 000
2	56 000	10	70 000
3	56 000	11	50 000
4	56 000	12	50 000
5	56 000	13	50 000
6	70 000	14	50 000
7	70 000	15	50 000
8	70 000		

表 3-5 开发 C 洗涤剂公司增量现金流量（年）

年份	现金流量（元）	年份	现金流量（元）
1	50 000	9	63 000
2	50 000	10	63 000
3	50 000	11	45 000
4	50 000	12	45 000
5	50 000	13	45 000
6	63 000	14	45 000
7	63 000	15	45 000
8	63 000		

研发部经理介绍完毕，会议展开了讨论，在分析了市场状况、投资机会以及同行业发展水平的基础上，确定公司投资机会成本为 10%。

公司财务部经理首先提出：C 洗涤剂开发项目资本支出预算中为什么没有包括厂房、其他房产和其他设备的支出？

研发部经理认为，目前，A 洗涤剂的生产设备利用率仅为 60%，由于这些设备完全适用于生产 C 洗涤剂，故除专用设备和加工包装用品所用的设备外，不需再增加其他设备。预计 C 洗涤剂生产线全部开机后，只需要 10% 的工厂生产能力。

公司总经理问到：开发新产品投产后是否应考虑流动资金？研发部经理说：新产品投产后，每年需追加流动资金 40 000 元，由于这项资金每年年初借、年末还，一直保留在公司，所以不需将此项费用列入项目现金流量中。

接着，公司董事长提问：生产新产品占用了公司的剩余生产能力，如果将这部分剩余能力出租，公司每年将得到 20 000 元的租金收入，因此新产品投资收入应该与租金收入相对比。

根据上述资料，请分析讨论以下问题：

（1）如果你是财务经理，你认为新产品市场调研费属于该项目的现金流量吗？

（2）关于生产新产品所追加的流动资金，应否算作项目的现金流量？

（3）投资项目现金流量中是否应该反映由于新产品上市使原来老产品的市场份额减少而丧失的收入？如果不引进新产品，是否可以减少竞争？

（4）如果投资项目所需资金是银行借入的，那么与此相关的利息支出是否应在投资项目现金流量中得以反映？

（5）你认为是接受该项目还是放弃该项目？

学习情境四
营运资金管理

一、单项选择题

1. 各种持有现金的动机中，属于应付未来现金流入和流出随机变动的动机是(　　)。

A. 交易动机　　B. 预防动机

C. 投机动机　　D. 长期投资动机

2. 持有过量现金可能导致的不利后果是（　　）。

A. 财务风险加大　　B. 收益水平下降

C. 偿债能力下降　　D. 资产流动性下降

3. 成本分析模式和存货模式确定最佳货币资金持有量，须考虑的成本是（　　）。

A. 机会成本　　B. 短缺成本

C. 管理成本　　D. 转换成本

4. 下列项目中属于持有现金的机会成本的是（　　）。

A. 现金管理人员工资　　B. 现金安全措施费用

C. 现金被盗损失　　D. 现金的再投资收益

5. 下列各项成本中与现金的持有量成正比例关系的是（　　）。

A. 管理成本　　B. 机会成本

C. 转换成本　　D. 短缺成本

6. 企业现金管理的目标是（　　）。

A. 尽量减少现金开支

B. 将每项开支都纳入现金计划，使其受到严格控制

C. 在现金的流动性和收益能力之间取得平衡

D. 追求现金的最大获利能力

7. 通常情况下，企业持有现金的机会成本（　　）。

A. 与现金余额成反比　　B. 可以用有价证券的收益率表示

C. 与持有时间成反比　　D. 不影响与现金有关的决策

8. 下列各项中，属于应收账款机会成本的是（　　）。

A. 应收账款占用资金的应计利息　　B. 现金折扣成本

C. 坏账损失　　D. 收账费用

9. 信用政策主要内容不包括（　　）。

A. 信用标准　　B. 日常管理

C. 收账政策　　D. 信用条件

10. (　　) 反映了客户的经济实力与财务状况的优劣，是客户偿付债务的最终保证。

A. 品质　　B. 经济环境　　C. 资本　　D. 抵押品

11. 对应收账款信用期限的叙述，正确的是（　　）。

A. 信用期限越长，企业坏账风险越小

B. 信用期限越长，表明客户享受的信用条件越优越

C. 延长信用期限，不利于销售收入的扩大

D. 信用期限越长，应收账款的机会成本越低

12. 对现金折扣的表述，正确的是（　　）。

A. 又叫商业折扣

B. 折扣率越低，企业付出的代价越高

C. 目的是为了加快账款的回收

D. 为了增加利润，应当取消现金折扣

13. 在其他因素不变的情况下，企业采用积极的收账政策，可能导致的后果是(　　)。

A. 坏账损失增加　B. 机会成本增加　C. 收账费用增加　D. 平均收账期延长

14. 存货的取得成本是（　　）。

A. 购置成本　　B. 订货成本

C. 购置成本+订货成本　　D. 购置成本+储存成本

15. 储存成本是指保管存货过程中发生的支出，储存成本（　　）。

A. 一部分是固定的　　B. 全部是固定的

C. 全部是变动的　　D. 一部分是固定的，一部分是变动的

16. 下列各项中属于存货变动性储存成本的是（　　）。

A. 仓储管理人员的基本工资　　B. 储存存货仓库的折旧费

C. 存货的保险费用　　D. 存货占用资金的应计利息

17. 存货决策的经济批量是指（　　）。

A. 使订货成本最低的进货量　　B. 使储存成本最低的进货量

C. 使缺货成本最低的进货量　　D. 使存货总成本最低的进货量

18. 在允许缺货的情况下，经济进货批量是使（　　）的进货批量。

A. 订货成本与储存成本之和最小

B. 订货费用等于储存成本

C. 订货费用、储存成本与短缺成本之和最小

D. 订货成本等于储存成本之和

19. 在供货企业不提供数量折扣的情况下，影响经济订货量的因素是（　　）。

A. 采购成本　　B. 储存成本中的固定成本

C. 进货成本中的固定成本　　D. 进货成本中的变动成本

20. (　　) 是指企业订购下一批存货时存货的储备量。

A. 每日正常耗用量　　B. 再订货点　　C. 每日最大耗用量　　D. 保险储备量

21. 在计算存货保本储存天数时，以下各项中不需要考虑的因素是（　）。
A. 销售税金　　B. 变动储存费　　C. 所得税　　D. 固定储存费

22. 下列说法正确的是（　　）。
A. 存货保本储存天数和存货保利储存天数均与每日变动储存费成正比
B. 存货保本储存天数和存货保利储存天数均与目标利润正方向变动
C. 存货保利储存天数与固定储存费用正方向变动
D. 存货保利储存天数与毛利同方向变动

23. 在对存货实行 ABC 分类管理的情况下，ABC 三类存货的金额比重大致为（　　）。
A. 0.7 : 0.2 : 0.1　　B. 0.1 : 0.2 : 0.7
C. 0.5 : 0.3 : 0.2　　D. 0.2 : 0.3 : 0.5

24. ABC 分类法中存货控制的重点是（　　）。
A. A 类物资　　B. B 类物资
C. C 类物资　　D. 所有存货同等看待

二、多项选择题

1. 企业营运资金由（　　）共同决定。
A. 流动资产　　B. 流动负债　　C. 总资产　　D. 总负债

2. 企业的流动资产主要由（　　）构成。
A. 现金　　B. 存货　　C. 应收账款　　D. 长期股权投资

3. 与固定资产投资相比，流动资产投资的特点包括（　　）。
A. 投资回收期短　　B. 流动性强
C. 多种类型流动资产同时存在　　D. 收益性高

4. 下列说法正确的有（　　）。
A. 营运资金的管理既包括流动资产的管理，也包括流动负债的管理
B. 流动资产是指可以在一年以内或超过一年的一个营业周期内变现或运用的资产
C. 流动资产的数量会随着企业内外条件的变化而变化，时高时低，不断波动
D. 企业占用在流动资产上的资金，通常会在一年内收回

5. 企业预防性现金数额大小（　　）。
A. 与企业现金流量的可预测性成反向变动
B. 与企业借款能力成反向变动
C. 与企业业务交易量成反向变动
D. 与现金流量的不确定性成反向变动

6. 企业持有现金的成本中与现金持有量相关的有（　　）。
A. 机会成本　　B. 管理成本　　C. 短缺成本　　D. 折扣成本

7. 用存货模式分析确定最佳现金持有量时，应予考虑的成本费用项目有（　　）。
A. 现金管理费用　　B. 现金与有价证券的转换成本
C. 持有现金的机会成本　　D. 现金短缺成本

8. 现金支出管理的方法包括（ ）。

A. 合理利用“浮游量” B. 推迟支付应付款

C. 采用汇票付款 D. 分期付款法

9. 应收账款的功能包括（ ）。

A. 促进销售 B. 减少存货 C. 增加现金 D. 减少借款

10. 下列各项中，属于应收账款成本构成要素的是（ ）。

A. 机会成本 B. 管理成本 C. 坏账成本 D. 短缺成本

11. 与应收账款机会成本有关的因素是（ ）。

A. 应收账款平均余额 B. 变动成本率

C. 销售成本率 D. 资金成本率

12. 下列各项中，属于信用政策的有（ ）。

A. 信用条件 B. 信用标准 C. 收账政策 D. 现销政策

13. 信用标准过高的可能结果包括（ ）。

A. 丧失很多销售机会 B. 降低违约风险

C. 扩大市场占有率 D. 减少坏账费用

14. 应收账款信用条件的组成要素有（ ）。

A. 信用期限 B. 现金折扣期限 C. 现金折扣 D. 商业折扣

15. 不适当的延长信用期限给企业带来的后果包括（ ）。

A. 机会成本增加 B. 坏账损失减少 C. 坏账损失增加 D. 收账费用增加

16. 企业制定收账政策可以解决的问题是（ ）。

A. 最大限度地防止客户拖欠账款

B. 控制坏账损失

C. 控制应收账款的机会成本

D. 控制收账费用

17. 缺货成本是指存货不能及时满足生产经营需要而给企业带来的损失，它们包括（ ）。

A. 信誉损失

B. 延期交货支付的违约金

C. 采取临时采购行为而发生的超额采购费用

D. 停工待料损失

18. 下列各项中属于存货经济进货批量基本模式假设条件的是（ ）。

A. 不存在数量折扣 B. 存货的耗用是均衡的

C. 商品采购不受限制 D. 可能出现缺货的情况

19. 在基本模型假设前提下确定经济订货量时，下列表述正确的有（ ）。

A. 随每次进货批量的变动，相关进货费用和相关储存成本呈反方向变化

B. 相关储存成本的高低与每次进货批量成正比

C. 相关订货成本的高低与每次进货批量成反比

D. 年相关储存成本与年相关进货费用相等时的采购批量，即为经济订货量

20. 一般而言，存货保本储存天数取决于以下因素（　　）。

A. 目标利润　　B. 固定储存费用

C. 销售税金及附加　　D. 每日变动储存费

三、判断题

1. 企业的营运资金越多，风险越小，但收益率也越低；相反，企业的营运资金越少，风险越大，但收益率也越高。（　　）

2. 企业为满足交易动机所持有的现金余额主要取决于企业的日常开支水平。（　　）

3. 如果企业的借款能力较强，保障程度较高，则可适当增加预防性现金的数额。（　　）

4. 若现金持有量超过总成本线最低点时，表明机会成本上升的代价大于短缺成本下降的好处。（　　）

5. 现金与有价证券的变动性转换成本与证券交易次数有关，属于决策相关成本。（　　）

6. 在正常业务活动现金需要量的基础上，追加一定数量的现金余额以应付未来现金流入和流出的随机波动，这是出于投机动机。（　　）

7. 企业现金管理的目的首先是使得现金获得最大的收益，其次是保证日常生产经营业务的现金需求。（　　）

8. 现金浮游量是指由于企业提高收款效率和缩短付款时间所产生的企业账户上的现金余额和银行账户上的企业存款余额之间的差额。（　　）

9. 在5C信用评价系统中，能力是指如果企业或个人当前的现金流不足以还债，他们在短期和长期内可供使用的财务资源。（　　）

10. 信用条件是客户获得商业信用所应具备的最低条件，通常以预期的坏账损失率表示。（　　）

11. 如果企业执行的信用标准过于严格，可能会限制公司的销售机会。如果企业执行的信用标准过于宽松，可能会增加随后还款的风险并增加坏账费用。（　　）

12. 现金折扣是企业为了鼓励客户多买商品而给予的价格优惠，每次购买的数量越多，价格也就越便宜。（　　）

13. 一般说来，企业收账的支出越大，收账措施越有力，可收回的账款也越多，坏账损失也越小。所以，企业应不惜一切代价催收欠款。（　　）

14. 能够使企业的进货成本、储存成本和缺货成本之和最低的进货批量，便是经济进货批量。（　　）

15. 如果存货市场供应不充足，即使满足有关的基本假设条件，也不能利用经济订货量基本模型。（　　）

16. 在年需要量确定的情况下，经济订货批量越大，进货间隔期越长。（　　）

17. 一般来讲，当某种存货品种数量比重达到70%左右时，可将其划分为A类存货，进行重点管理和控制。（　　）

18. 在存货的ABC分类管理法下，应当重点管理的是虽然品种数量较少，但金额较

大的存货。(　　)

四、计算分析题

1. 某企业有四种现金持有方案，各方案有关成本资料如表4-1所示。

表4-1　　现金持有方案　　单位：元

	甲	乙	丙	丁
现金持有量	30 000	40 000	50 000	60 000
机会成本率	8%	8%	8%	8%
短缺成本	3 000	1 000	500	0

要求：计算该企业的最佳现金持有量。

2. 某企业每月平均现金需要量为10万元，有价证券的月利率为10‰，假定企业现金管理相关总成本控制目标为600元。

要求：

(1) 计算有价证券转换成本的限额；

(2) 计算最低现金余额；

(3) 计算现金持有期。

3. 已知：某公司2010年第1—3月实际销售额分别为38 000万元、36 000万元和40 000万元，预计4月份销售额为40 000万元。每月销售收入中有70%能于当月收现，20%于次月收现，10%于第三个月收讫，不存在坏账。假定该公司销售的产品在流通环节只需缴纳消费税，税率为10%，并于当月以现金缴纳。该公司3月末现金余额为80万元，应付账款余额为5 000万元（需在4月份付清），不存在其他应收应付款项。

4月份有关项目预计资料如下：采购材料8 000万元（当月付款70%）；工资及其他支出8 400万元（用现金支付）；制造费用8 000万元（其中折旧费等非付现费用为4 000万元）；营业费用和管理费用1 000万元（用现金支付）；预交所得税1 900万元；购买设备12 000万元（用现金支付）。现金不足时，通过向银行借款解决。4月末现金余额要求不低于100万元。

要求：根据上述资料，计算该公司4月份的下列预算指标：

(1) 经营性现金流入；

(2) 经营性现金流出；

(3) 现金余缺；

(4) 应向银行借款的最低金额；

(5) 4月末应收账款余额。

4. 某企业只生产销售一种产品，每年赊销额为240万元，该企业产品变动成本率为80%，资金利润率为25%。企业现有A、B两种收账政策可供选用。有关资料如表4-2所示。

表 4-2 **A、B 收账政策资料**

项目	A 政策	B 政策
平均收账期（天）	60	45
坏账损失率（%）	3	2
应收账款平均余额（万元）		
应收账款机会成本（万元）		
坏账损失（万元）		
年收账费用（万元）	1.8	7
收账成本合计		

要求：

(1) 计算填列表中的空白部分（一年按 360 天计算）；

(2) 对上述收账政策进行决策；

(3) 若企业倾向于选择 B 政策，判断在其他条件不变的情况下，B 政策的收账费用上限。

5. A 公司是一个商业企业。由于目前的信用政策过于严厉，不利于扩大销售，且收账费用较高，该公司正在研究修改现行的政策。现有甲和乙两个放宽信用政策的备选方案，有关数据如表 4-3 所示。

表 4-3 **甲、乙备选方案资料**

项目	现行政策	甲方案	乙方案
年销售额（万元/年）	2 400	2 600	2 700
收账费用（万元/年）	40	20	10
所有账户的平均收账期	2 个月	3 个月	4 个月
所有账户的坏账损失率	2%	2.5%	3%

已知 A 公司的销售毛利率为 20%，若投资要求的最低报酬率为 15%。坏账损失率是指预计年度坏账损失占销售额的百分比。假设不考虑所得税的影响。

要求：通过计算分析回答，是否应改变现行的收账政策？如果要改变，应选择甲方案还是乙方案？

6. 某公司目前的年度赊销收入为 5 500 万元，总成本 4 850 万元（其中，固定成本 1 000万元），信用条件为（N/30），资金成本率为 10%。该公司为扩大销售，拟订了 A、B 两个信用条件方案。

A 方案：将信用条件放宽到（N/60），预计坏账损失率为 4%，收账费用为 80 万元，预计赊销收入会增加 10%。

B 方案：将信用条件放宽为（2/10 1/20 N/60），预计赊销收入会增加 20%，估计约有 70% 的客户（按赊销额计算）会利用 2% 的现金折扣，10% 的客户会利用 1% 的现金折扣，平均坏账损失率为 3%，收账费用 60 万元。

要求：通过计算，评价公司是否应改变目前的信用条件。若改变，该公司应选择何种信用条件方案。

7. 已知 A 公司与存货有关的信息如下：（1）年需要量为 30 000 吨（每年 360 天）；（2）购买价格每吨 100 元；（3）存储成本是商品买价的 0.3%；（4）订货成本每次 60 元；（5）公司希望的安全储备是 750 吨；（6）订货数量只能按照 1 000 的倍数；（7）订货至到货的时间为 15 天。

要求：

（1）计算最佳经济批量；

（2）计算存货水平为多少时补充订货；

（3）计算存货平均占用多少资金；

（4）计算与存货有关的总成本。

8. 企业全年需从外部购入某零件 1 200 件，每批进货费用 400 元，单位零件的年储存成本 6 元，该零件每件进价 10 元。销售企业规定：客户每批购买量不足 600 件，按标准价格计算，每批购买量超过 600 件（含 600 件），价格优惠 3%。

要求：

（1）计算该企业进货批量为多少时，才是有利的；

（2）计算该企业最佳的进货次数；

（3）计算该企业经济进货批量的平均占用资金。

9. 某公司每年需用某种材料 8 000 吨，每次订货成本 400 元，每件材料的年储存成本为 40 元，该种材料买价为 1 500 元/吨。

要求：

（1）每次购入多少吨，可使全年与进货批量相关的总成本达到最低？此时相关总成本为多少？

（2）若一次订购量在 500 吨以上时可获 2% 的折扣，在 1 000 吨以上时可获 3% 折扣，填写表 4-4，并判断公司最经济订货量为多少。

表 4-4 **经济订货量计算表** 单位：元

每次订货量（吨）	平均库存（吨）	储存变动成本	订货次数	订货变动成本	进价成本	相关总成本
400						
500						
1 000						

10. 某批发企业购进商品 1 000 件，单位进价（不含增值税）90 元，单位售价 120 元（不含增值税），经销该商品的固定性费用为 5 000 元。若货款均来自银行贷款，年利率为 9%，该批存货的月保管费用率为 2%，销售税金及附加为 1 400 元。

要求：

（1）计算该批存货的保本储存天数；

（2）计算在投资利润率为 6% 时的保利储存天数；

（3）计算储存天数为 180 天时的实际投资利润率。

五、案例分析题

【案例 1】

中远总公司资金集中管理应用案例

1. 国际化运营

中国远洋运输（集团）总公司的前身，是成立于 1961 年 4 月 27 日的中国远洋运输公司。1993 年 2 月 16 日组建以中国远洋运输（集团）总公司为核心企业的中国远洋运输集团。1993 年 10 月 5 日，集团买壳上市成立“中远投资（新加坡）有限公司”迈出了进入海外资本市场的第一步，中远这艘航运巨舰从此驶进国际资本市场的汪洋大海，开辟了资产经营与资本经营并举的新航路。

中远集团拥有的船队规模排名世界第二位，其中集装箱运力位居世界第七；干散货船位居世界第一；杂货船位居世界第二。在航运相关业方面，中远已成为世界第八大集装箱码头经营商；中远修船业也已在国内处于领先地位并进入世界一流行列；作为中远主要参股的上市公司，“中集集团”自 1996 年以来集装箱产销量一直保持世界第一。

到目前为止，中远在海内外拥有 7 家上市公司的总市值已达 500 多亿元，中远海外机构超过 400 多个，已经形成以北京为中心，以香港、欧洲、美洲、新加坡、日本、澳洲、非洲、西亚和韩国等 9 个区域为支点的全球经营网络和服务体系。中远构筑了中国最大、最完善的陆路货运网络，在全国 29 个省设有 500 多个业务网点，致力于为全球客户提供航运、物流等全球优质承运服务的同时，还能够为客户提供船舶和货物代理、船舶工业、码头、贸易、金融、房地产和 IT 等多个行业的服务。

2. 集团管理模式与战略目标

面对瞬息万变的国际市场竞争，中远集团明确了“从全球航运承运人向以航运为依托的全球物流经营人转变，从跨国经营企业向世界级跨国公司转变”的“两个根本性转变”的新世纪发展战略构想，根据战略构想，中远进一步明确了“做强航运主业，拓展现代物流业，优化陆上产业”的产业调整发展思路。

3. 实现战略目标所面临的风险

企业管理以财务管理为核心，财务管理以资金集中管理为中心。中远集团由于其业务和收入的多样性、地区分布的广域性、组织结构和产权结构的复杂性，使得资金的流动变得更加难以准确预测和控制。中远集团公司的财务与资金管理日益趋向高度集中是历史的必然。但是脱离信息技术支持，在手工环境下是难以实现资金集中管理的，表现在：

日常工作量大，操作复杂：传统资金控制模式下，运用手工的方式进行对内对外的资金收付和转账处理，填制大量业务单据，工作量大，操作程序复杂，人工处理的业务环节多，资金信息缺乏可靠性和及时性；

企业和银行之间缺乏协调：银行的电子转账系统的服务无法与企业很好地结合，成员单位资金支付审批手续还依靠传真和邮局完成；

资金监控滞后：集团公司缺少有力的监控手段和工具，下属企业几乎完全独立地处理自身的资金管理事宜，独立对外筹资，自行使用和支配资金；

资金管理分散：集团公司间资金管理分散，内部资金盈缺失衡无法互补，内部异地资金结算的效率低成本高、资金在途时间长；

资金利用率低：集团资金成本观念淡薄，资金浪费现象普遍；

资本成本高：整体资金短缺外源融资成本过高；

财务风险大：集团总部的资金单向流出较多，集团总部的主要作用表现在为二级单位的资金筹集提供担保，集团财务资源呈现出一种自上而下的单向流动，增加了集团总部的财务风险。

4. 管理变革

(1) 企业集团资金管理的趋势分析：由分散到集中。企业集团在生产经营过程中每天都发生大量的资金流入和流出，发生资金盈余和短缺，如何降低企业集团的资金成本、提高资金使用效率，成为关系到企业生死存亡的重要课题。许多国际著名企业集团通过实施集中化管理，总部可以随时掌握、监控遍布全球的子公司的财务状况和现金流动。因此，中远集团对国内外企业集团资金管理的趋势进行认真分析，拟进行资金管理模式的创新，将分散管理转变为集中管理。

(2) 中远集团资金管理摸索的创新：资金管理的组织创新。资本是一个企业赖以生存发展的血液。中远的国际化战略，不仅表现在航线和实力规模的扩张上，还表现在利用全球资本掌控未来发展能力的提升上。玩转资本魔方，利用国际资本加速企业国际竞争力的提升是中远国际化战略中的又一大亮点。中远集团目前拥有的7家上市公司，要实现融资创新、管理创新，确立在航运及物流业中的国际领先地位，必须有效整合集团资源，对资金的集中管理首当其冲。中远公司在资金组织的建设上进行规划，成立了财务公司、总结算中心和分结算中心，为资金集中管理提供组织保证。

(3) 信息技术与管理融合的创新——构建IT环境下的资金集中管理平台。中国远洋运输（集团）总公司作为一家以航运和物流为主业的多元化经营的跨国企业集团，核心业务是物流运输，涉及的企业多，涉及资金管理的信息量大，实现高效、准确的资金管理必须要依赖于信息化网络平台的搭建，进行集中式管理。在探索和实践中，中远构建资金结算中心信息系统，做到资金数据的集中、实时控制，为集团企业在降低经营成本，提高资金使用效益，提高企业偿债能力，严格集团内部监管制度等方面提供了强有力的支撑，推动了中远集团加速提升国际竞争力，走向国际市场的战略实施。

5. 信息化工具与应用

早在2000年7月，中远集团总公司决定组建中远资金结算中心（简称结算中心），依托集团公司现有的业务和资源，利用科技手段提高结算中心的业务和服务水平，在集团范围内实行资金的集中管理，以提高集团资金使用的整体效益。随着中远集团业务的快速发展，结算中心这种资金管理的组织已经不能满足资金管理的需要，1994 年中远成立了财务公司。财务公司的成立从组织和职能上为中远集团的金融运作提供了保证。但是，如何对集团企业的资金集中统一管理、对跨地区的企业集团成员进行远程服务、实时监控资金的流量和流速、实时账务处理等又提出了新的要求。

2001 年 11 月 23 日，财务公司将信息技术与财务公司资金管理有机融合，进行了 IT 环境下资金集中管理模式的整体规划。中远集团公司 IT 环境下资金集中管理模式在经历了三个阶段，实现了数据集中、银企直联和身份安全认证，构建了以北京为中心，天津、青岛、上海和广州为分结算中心的总分结算模式。每一阶段所解决的问题是不同的，其中第一阶段和第二阶段实现了数据集中和系统稳定，为实现资金集中管理奠定了坚实的信息基础；第二阶段和第三阶段实现了银企直联和身份安全认证，分别是资金集中管理的快速通道和安全保障。

6. 应用效益

(1) 集团利息费用节省。中远集团资金集中管理方案的实施，不仅为结算中心提供了安全、高效、便捷的服务措施和手段，而且产生了可观的经济效益。2003 年全年，结算中心在财务公司的存款日均增加了 3.39 亿元，直接收益（央行、商业银行的利差）达 152.8 万元；2004 年上半年结算中心增加在财务公司的存款日均达 5.88 亿元，直接收益达 52.9 万元。

(2) 结算中心效率提高。中远集团资金集中管理方案的实施，提高了结算中心营运效率；增强了结算中心的服务、管理能力；提高了结算中心对集团成员单位在结算业务方面的服务竞争力。而且由于结算中心的作用，成为了集团成员单位与银行之间的桥梁，所以结算中心又具备了高效的监管职能。

(3) 集团控制力增强。中远集团资金集中管理方案的实施，达到了集中资金管理的目的，为集团企业在降低经营成本，提高资金使用效益，提高企业偿债能力，显示集团整体实力，树立企业在市场中的良好形象等方面提供了强有力的支撑。

资料来源：http://cio.ccw.com.cn/solution/htm2006/20060526_188394.asp

根据上述资料，请分析讨论如下问题：

(1) 中远集团主要采用了什么样的资金管理模式？

(2) 企业为什么要采取这种管理模式？

(3) 运用所学的知识分析适应中小企业现金管理的模式。

【案例 2】

谁为长虹买单

1. 海外销售，引爆长虹巨亏

2004 年 12 月 28 日，证券市场再次爆出惊人的消息，四川长虹发布年度预亏提示性公告。公告称，由于公司拟对 APEX 公司应收账款计提坏账准备、对南方证券委托国债投资余额以及存货、短期投资等事项计提相应的减值准备，公司 2004 年度将会出现大的亏损。

四川长虹这一在中国证券市场叱咤一时的老牌龙头绩优股，上市10年来第一次出现了亏损。截至2004年12月25日，四川长虹应收APEX账款余额46 750万美元，根据对APEX公司现有资产的估算，公司对APEX公司应收账款可能收回的资金在1.5亿美元以上，预计最大计提金额有3.1亿美元左右。如果以长虹2003年2.4亿元的年利润来推算，这笔沉重的债务长虹至少要扛10年。

不难看出，长虹巨亏的主要原因在于其对海外销售的失控。2000年以前长虹的销售基本全在国内，由于国内市场竞争激烈，长虹遇到了很大的困难，重出江湖的倪润峰把开拓海外市场作为重振长虹的重要措施。为此，他选择了APEX公司作为进入美国市场的代理商。

然而，在倪润峰决定与APEX总裁季龙粉合作时，APEX在中国早已"劣迹斑斑"，此前与其合作的企业至今仍有几千万美金的欠款无法追回。甚至中国五矿集团下属的中国五金制品进出口公司2001年初就开始在美国加利福尼亚中区联邦地区法院与其打官司，APEX拖欠五矿的2 200万美元货款至今仍未偿还。

受APEX其害的企业名单还可以列出长长的一大串，几乎所有与之有贸易往来的供应商无一幸免。据有关媒体报道，APEX几年前也曾与TCL董事长李东生在一起探讨TCL产品通过APEX进入美国市场的可能性。尽管TCL当时也很希望自己的产品能够大规模进入美国市场，但是李东生对APEX提出的一些条件并不满意，特别是觉得赊销（即卖货后付款）的方式风险太大，再加上APEX以前与一些中国合作伙伴的拖欠货款纠纷，所以TCL没有与A-PEX进行合作。现在看来，李东生当初没有选择与APEX进行合作是正确的。

2001年，曾打算与APEX攀亲的厦华向中国出口信用保险公司了解APEX的信用度究竟如何，得到的回答竟然是"APEX的信用度为零"和"没有保险公司愿意为APEX的货物提供保险"。厦华因此避免了一场灾难。

这样一个在国内业界名誉扫地、信用皆失的公司，在国内即将走到尽头的时候，长虹却孤注一掷地投入其怀抱。

2001年7月16日，满载着长虹价值200多万美元的各类彩电"直通美国"专列缓缓驶出了绵阳车站。此时距离倪润峰退居二线后复出仅5个月时间。翌年，长虹通过APEX向美国市场出口彩电已高达320万台，连同DVD销售额超过7亿美元。外界对此原因的揣测是，复出后的倪润峰有尽快做大业绩的压力，因而忽视了对风险的考量。

2001年的圣诞节，沃尔玛一天时间曾卖出了100万台APEX品牌的DVD播放机，因为APEX的DVD仅售69.99美元，商场里几乎卖疯了。与此同时，季龙粉签署了另一个让他深感振奋的协议：从四川长虹订购数百万台电视机，以同样的低价策略在美国市场进行销售。长虹的巨亏，确实让人难以理解。

2. 信用管理，长虹之痛

对于长虹的海外扩张，一位彩电业业内人士称，长虹在国际市场上当受骗的可能性非常大，主要原因是急躁冒进。据媒体报道，2002年"长虹彩电销量拔得头筹"，长虹以全球销售1 129万台和出口398万台夺得销量和出口两项第一。2001年，长虹彩电的出口量仅为12万台，一年内增长了32倍多，国际市场真的就这么好做吗？

在国际市场上摔打过、有国际市场经验的人，一眼就能看出其中的问题和危机。在没有国际市场基础和经验的情况下，想取得几十倍的销售增长，只有一种可能：价格低得惊人和只供货不收款，差不多是送给别人。

众所周知，由于国内市场竞争激烈，长虹为了把“业绩”做出来，急于把国际市场做大，最终铤而走险，选择了这种不顾效益、不计后果的市场推广方式，实际上是睁着眼睛往火炕里跳。如果长虹能考察一下对方的底细，就应该了解对方的劣迹，就应该慎重与对方合作。即使合作也要在货款上小心，在欠款达到一定数量时，就应该回款后再供货。

粗略计算，四川长虹 1998 年到 2003 年所创造的所有利润为 33 亿元人民币，而截至目前所遭受的海外欠款大约有 39 亿元。有一种观点认为，长虹之所以发生这样的应收账款事件，应归责于长虹领导人在几年中的不作为，明明从 2002 年已经无法正常收到回款，却仍然将货品源源不断地运送到美国，导致窟窿越来越大，难以弥补。

厦华、格力以及美的等家电企业都曾表示，在家电圈，上市公司和规模比较大的企业对海外销售大多持有比较审慎的态度。据称，格力产品的出口，只有在跟国际知名的大客户以及大的跨国公司合作时，才采用赊账方式，因为对方也会考虑自己的声誉，不会轻易拖欠货款。美的则表示，美的出口都是要上保险的，宁可付出一定的保险费用成本，也要尽可能保证货款回收。

长虹明显是一个例外。有媒体调查发现，长虹和 APEX 此前签订的合同非常简约，难以厘清双方权利、义务以及潜在风险的分担。另外，长虹和 APEX 公司的交易，多为 APEX以支票作为货款担保。如果 APEX 蓄意欺诈，使得这些支票无法兑付，长虹的损失就不可避免。据长虹在美国提起的诉讼指控来看，APEX 最早从 2003 年就开始签发空头支票，2003 年 APEX 共向长虹签发了 37 张支票，总金额达 7 000 万美元。

对于企业来说，无论采取何种结账方式都无可厚非，关键是要建立一种有效的风险控制机制，一旦发现异常，就要及时采取措施，将损失降至最低。长虹的失误就在于在信用管理方面缺乏风险控制机制。

早在 2003 年 3 月，某媒体就曾刊出《传长虹在美遭巨额诈骗》一文，指称长虹对 APEX的高额欠款无法收回，在社会上引起轩然大波。长虹方面随即发布澄清公告，公告称该文“纯属造谣……公司各项业务蓬勃发展，应收款情况正常”，并信誓旦旦地表示“保留追究法律责任的权利，采取有效措施维护本公司及本公司投资者的正当权益”。到了 2004 年 3 月，长虹的新闻发言人刘海中在面对投资者的质疑时曾回复说：“（海外）回收账款是个动态过程，长虹与 APEX 的合作状态良好……实际上，2004 年 3 月 23 日，长虹已经收回 APEX 公司 6 606 万美元，折合人民币 5 亿多元。增加的应收账款也显示我们双方一直都在合作。”

打开长虹股份 2003 年年报，我们可以发现，那里确实记录了 APEX 拖欠长虹应收账款 44.466 亿元的事实。这是过分相信他人还是缺少风险意识？

2004 年 7 月，竖起长虹大旗的倪润峰退出长虹，少帅赵勇肩负起了重振长虹的重任。接任不久，赵勇便在公司内部进行经营机制的重整，并邀请罗兰贝格对公司内部组织架构进行战略规划，与此同时，赵勇进行了公司治理结构的调整。同时，赵勇果断终止了与 APEX 的合作，并积极追讨欠款。

资料来源：http：//wenku. baidu. com/view/4a595fe49b89680203d825c6. html

阅读上述资料，请分析讨论以下问题：

（1）应收账款成本包括哪些内容？

（2）长虹坚持与 APEX 合作，原因何在？

（3）在 APEX 多数欠款未还清时，长虹为什么仍频频发货？长虹是否有完善的风险控制机制？

（4）长虹在应收账款管理方面存在哪些问题？对其他企业有何警示？

（5）你能否为长虹制定一套科学的信用管理办法？

【案例3】

Y电器商品采购批量的确定

Y电器有限公司是一家以经营各类家用电器为主的全国性家电零售连锁企业。本着“创新务实、精益求精”的企业理念，依靠准确的市场定位和薄利多销的经营策略，得以蓬勃发展。

6月中旬，空调订货销售时机，分公司主管业务工作的副经理陶某刚走进自己的办公室，营业部主任李某就匆匆忙忙地来到办公室，请示海尔空调的订货事宜。李某说：“采购员张某从青岛海尔空调器有限公司打来电话，说海尔空调有现货供应，规格型号正好是本市畅销的那几种。进货价格平均下来约合每台2 800元，若一次订购500台，还可以得到4%的价格优惠，是否按折扣价格购进，请速回电话告知。”

近来空调市场需求旺盛，海尔空调已库存量不多，正考虑此事的陶副经理听后高兴地说：“这是个好消息！李主任，你算一下账，看怎样订购更合适，然后把你的意见告诉我。”

李某是从商学院毕业分配到电器有限公司的，先后做过采购员、销售员、营业部副主任及营业部主任等职务。他既懂得商品采购、保管、推销的一些基本理论，又有着较丰富的商品采购、保管与推销的实践经验，几年来经他采购或由他决策订购的电器商品，不仅质量上有保证、数量上比较适中，而且价格上比较合理。由于经营得当，公司在激烈的市场竞争中一直处于有利的地位，业务得到较大的发展。

李某根据陶副经理的意见，首先从计算机中调出了有关海尔空调的财务数据资料：公司近几年中每年销售海尔空调近4 000台，每次进货费用平均需要800元，平均每台空调年储存费用为160元。然后，他利用自己所掌握的方法，迅速进行了有关数据的测算，李某计算完后，心里有了数，于是立即向陶副经理做了汇报。

阅读上述资料，分析讨论以下问题：

（1）企业在存货决策中需要考虑哪些相关成本？

（2）李某通过计算是否会决定按折扣价格进货？

【案例4】

S轮胎厂存货ABC管理法的应用

S轮胎厂是以汽车轮胎为主导产品的企业，有多种系列产品。丁某从学校毕业被分配到该厂做材料管理工作。经理给他分配任务时说："公司以前规模不大，材料一直没有进行规范管理。现在公司业务一天比一天壮大，材料所占资金也在不断增加，因此，应对材料进行规范管理。你看看如何管理，尽快拿出方案来。"丁某走到仓库开始琢磨起来，看着上百种材料，他想到学校所学的ABC分类管理法，于是，根据年度生产任务及材料供应的特点，丁某对生产所需的主要原料进行了ABC分类排队，区分主次，并提出相应的管理控制措施。主要做法如下：

1. 分类方法

首先根据年度生产任务所需每种材料的平均价格和储存量，分别计算每种主要材料占用的资金额及其占全部资金额的比重，然后按金额比重大小顺序排列，按预定标准划分出A、B、C三类并编制成表格，见表4-5。

表4-5 **S轮胎厂主要材料ABC分类表**

材料名称（用编号代替）	占用资金额（元）	金额比重（%）	类别
1	78 000	39.96	A
2	60 500	30.99	A
3	15 200	7.79	B
4	12 100	6.20	B
5	7 600	3.89	B
6	5 400	2.76	B
7	3 200	1.64	C
8	2 200	1.12	C
9	2 100	1.08	C
10	1 800	0.93	C
11	1 600	0.82	C
12	1 350	0.69	C
13	1 020	0.52	C
14	880	0.45	C
15	770	0.39	C
16	660	0.34	C
17	560	0.29	C
18	270	0.14	C
合计	195 210	100	C

根据以上分类归纳统计分类结果见表4-6。

表4-6 S轮胎厂主要材料ABC分类统计表

ABC分类	各类材料品种数	品种数量比重（%）	资金额（元）	金额比重（%）
A类	2	11.11	138 500	70.95
B类	4	22.22	40 300	20.64
C类	12	66.67	16 410	8.41
合计	18	100	195 210	100

2. ABC三类材料的具体管理和控制方法

A类材料：作为管理和控制的重点，实施按每一个品种严格管理。

(1) 要求严格注意库存量，储存量必须掌握准确，保证材料及时足额的供应。

(2) 旬、月、季都要进行详细的库存统计记录，根据领用部门的用料计划与实际消耗进行平衡，定期进行检查分析。

(3) 建立严格的收、耗、存记录，及时分析资金占用情况，发现问题及时处理。

(4) 确定每种材料的进货期和经济进货批量，按经济进货批量组织进货。遇到特殊的情况报经领导批准。

B类材料：通过划分类别实施控制和管理。

(1) 按类别每月填制库存情况统计报表并进行检查。

(2) 按类别大体保证收、耗、存的计划与实际平衡。

(3) 统筹安排进货量与进货期。

C类材料：实施按总体把握一个总金额控制管理。

(1) 制定总体控制金额数，制定材料消耗控制标准。

(2) 采购下放部门根据实际情况自行掌握，可适当增大一次进货量，减少采购费用。

根据上述资料，请分析讨论如下问题：

(1) 对材料怎么进行分类？ABC分类管理法一般要求对每类原材料如何管理？

(2) ABC分类管理法的工作重点是分类方法，还是控制管理？

【案例5】

解析戴尔公司的零库存

戴尔的零库存建立在对供应商库存的使用或者借用的基础上，并形成3%的物料成本优势。戴尔的低库存是因为它的每一个产品都是有订单的，通过网络，每20秒就整合一次订单。

1. 解读零库存

“零库存”并不意味着没有库存。像戴尔这样的组装企业，没有库存意味着无法生存。只不过戴尔的库存很低，周转很快，并且善于利用供应商库存，所以其低库存被归纳为“零库存”，这只是管理学上导向性的概念，不是企业实际操作中的概念。经过充分的传播，戴尔的名声已经与“零库存”相联系，所以很多人一提起戴尔，马上就想到了零库存。

2. 精髓是低库存

戴尔不懈追求的目标是降低库存量。21 世纪初，戴尔公司的库存量相当于 5 天的出货量，康柏的库存天数为 26 天，一般 PC 机厂商的库存时间为 2 个月，而中国 IT 巨头联想集团是 30 天。戴尔公司分管物流配送业务的副总裁亨特说，高库存一方面意味着占有更多的资金，另一方面意味着使用了高价物料。戴尔公司的库存量只相当于一个星期出货量，而别的公司库存量相当于四个星期出货量，这意味着戴尔拥有 3% 的物料成本优势，反映到产品价格上就是 2% 或 3% 的优势。

戴尔的管理人员都借助于信息和资源管理软件来规范物料流程。在一般的情况下，包括手头正在进行的作业在内，任何一家工厂内的库存量都只相当于规定的出货量。

戴尔模式的竞争力在哪里？专家研究后发现，主要体现在低库存方面。当客户把订单传至戴尔信息中心，由控制中心将订单分解为子任务，并通过 Internet 和企业间信息网分派给上游配件制造商。各制造商按电子订单进行配件生产组装，并按控制中心的时间表供货。戴尔只需在成品车间完成组装和系统测试，剩下的就是客户服务中心的事情。一旦获得由世界各地发来源源不断的订单，生产就会循环不停、往复周转，形成规模化。这样纷繁复杂的工作如果没有一个完善的供应链系统在后台进行支撑，是“不可能的任务”。戴尔公司的制造中心的巨大厂房可以容纳五个足球场，而其零部件仓库却不超过一个普通卧室那么大。工人们根据订单每三五分钟就组装出一台新的台式 PC。

3. 没有零部件仓库

戴尔的零库存是建立在对供应商库存的使用或者借用的基础上。零部件实行供应商管理库存（VMI），并且要以戴尔订单情况的变化而变化。每天的订单量不一样，要求供应商的送货量也不一样。戴尔订单的数量不确定，则对供应商配件送货的要求也是可变的，对 15 英寸显示屏和 18 英寸显示屏的需求组合是不同的，如 3 月 5 日的显示屏需求组合是（5 000+4 000），3 月 6 日的需求组合是（4 000+5 000）等。超薄显示屏和一般显示屏的需求组合变化也是一样的。所以，戴尔的供应商需要经常采取小批量送货，有时送 3 000 个，有时送 4 000 个，有时天天送货，订单密集时需要一天送几次货，一切根据需求。为了方便给戴尔送货，供应商在戴尔工厂附近租赁仓库来存储配件，以保障及时完成送货。这样，戴尔的零库存是建立在供应商的库存或者精确配送能力的基础上。戴尔通过对供应商库存的充分利用来降低自己的库存，并把主要精力放在整合订单上。而戴尔公司的成品管理则完全是采取订单式，用户下单，戴尔组装送货。由于戴尔采取了以 VMI、CRM 等信息技术为基础的订单制度，在库存管理方面基本上实现了完全的零库存。

4. 以信息代替存货

因特网受到戴尔公司的充分重视，主要表现在：戴尔与客户、供应商及其他合作伙伴之间通过网络进行沟通的时间界限已经模糊了，戴尔与客户之间在 24 小时进行即时沟通，突破了上班时间的限制；同时，戴尔与合作伙伴之间的空间界限已经被模糊了，戴尔在美国的供应商可以超越地域的局限，通过网络与设在厦门的工厂进行即时沟通，了解客户订单的情况。

通过强化信息优势，戴尔整合了供应商库存协作关系，并在实践中，成功地磨合出供应商的送货能力。另外，戴尔可以充分利用库存赚取利润，比如，戴尔向供应商采购零部件时，可以采取30天账期结算；但在卖出电脑时执行的是先款后货政策，至少是一手交钱一手交货，并利用客户货款与供应商货款中间的时间差来谋求利益。

5. 零库存是一种导向

有专家说："戴尔的'零库存'是基于供应商'零距离'之上。"假设戴尔的零部件来源于全球的四个市场：美国市场是10%，中国市场50%，日本市场是20%，欧盟市场是20%。然后在香港的基地进行组装后销售到全球。那么从美国市场供应商A到达香港基地，空运至少10个小时，海运至少25天；从中国市场供应商B到达香港基地的公路运输至少2天；从日本市场供应商C到达香港基地，空运至少4小时，海运至少2天；从欧盟市场供应商D到达香港，空运至少7小时，海运至少10天。如要保证戴尔在香港组装的零库存，则供应商在香港基地必须建立仓库，自建或租赁来保持一定的元器件库存量。供应商承担了戴尔公司的库存风险，而且还要求戴尔与供应商之间要有及时、频繁的信息沟通与业务协调。而直接模式同样不可避免地遇到"库存"问题。戴尔所谓要"摒弃库存"其实是一种导向，绝对的零库存是不存在的。库存问题的实质是既要千方百计地满足客户的产品需求，同时又要尽可能地保持较低的库存水平，只有在供应链居于领导地位的厂商才能做得到，戴尔就是这样的企业。与联想相比，戴尔在库存管理方面具有优势；在与零部件供应商的协作方面，也具有优势。"以信息代替存货"，在很多其他厂商看来是不可能的，但在戴尔却是实际存在的。

6. 零库存是一个完整的体系模式

戴尔的零库存需要客户支持、系统改进、供应商关系、市场细分等多个环节的参与配套。离开任何一个方面，零库存的优势也是不存在的。没有强大的订单凝聚能力，要借用供应商的库存是不可能的。以显示器为例，需要10 000个订单和需要500万个订单，供应商的反应也是不一样的。显然，戴尔拥有了500万个显示器的需求，可以给供应商提出更多的要求，只不过戴尔可以把订单拆开，要求供应商送货600次。这样做，由于订单总量仍然是很大的，所以供应商才愿意按照"随需随送"的要求来参与业务运作，虽然承担了戴尔的库存风险，但实际上总的利益还是很大的。如果订单很小，比如只有10 000个，供应商怎么可能把自己的仓库建到戴尔工厂附近，又怎么能够做到在需要的时候确保两小时送货呢？很显然，只有订单足够大，才能实现这个目标。

资料来源：http：//www. yb-able. com/textyb/news/cont_ 2_ 4_ 173. html

根据上述资料，请分析讨论如下问题：

（1）企业保持一定数量的存货有哪些优点？哪些缺点？

（2）企业零库存有哪些优点？哪些缺点？

（3）实现零库存必须具备哪些条件？

学习情境五

收益分配管理

一、单项选择题

1. 采用目标利润法制定商品的价格，是以（　　）为基础。

A. 单位变动成本　B. 单位完全成本　C. 固定成本　D. 单位生产成本

2. 加权平均法，是将各个样本值按照一定的权数计算得出加权平均数，并将该平均数作为下期销售量的预测值。其中，一般离预测期越近的样本值确定权数（　　）。

A. 越大　B. 越小　C. 相同　D. 无所谓

3. 企业在生产能力有剩余的情况下增加生产一定数量的产品一般采用（　　）。

A. 保本定价　B. 变动成本定价法

C. 目标利润法　D. 完全成本加成定价法

4. 在相关范围内，其成本总额随着产量的变动呈正比例变动的成本称作（　　）。

A. 变动成本　B. 混合成本　C. 固定成本　D. 半变动成本

5. 以下属于成本性态分析中的固定成本是（　　）。

A. 燃料费　B. 动力费　C. 广告费　D. 材料费

6. 在正常情况下，给员工支付固定的月工资，当产量超过正常水平后支付加班费，这种人工成本属于（　　）。

A. 半变动成本　B. 阶梯型成本　C. 固定成本　D. 延期型成本

7. 在混合成本分解中，计算结果最精确的方法是（　　）。

A. 高低点法　B. 最小平方法　C. 散布图法　D. 工程分析法

8. 按照变动成本法，下列项目中不计人产品成本的是（　　）。

A. 直接材料　B. 直接人工　C. 变动制造费用　D. 固定制造费用

9. 实际工作中运用最广泛的标准成本是（　　）。

A. 理想的标准成本　B. 正常的标准成本

C. 实际成本　D. 宽松的标准成本

10. 标准成本控制下的成本差异是指（　　）。

A. 实际成本与标准成本的差异　B. 实际成本与计划成本的差异

C. 预算成本与标准成本的差异　D. 实际成本与预算成本的差异

11. 一般来说，直接材料的数量差异由（　　）负责。

A. 采购部门　B. 销售部门　C. 生产部门　D. 会计部门

12. 固定制造费用的实际金额与预算金额之间的差额称为（　　）。

A. 耗费差异　　B. 效率差异　　C. 闲置能量差异　　D. 价格差异

13. 我国上市公司不得用于支付股利的权益资本是（　　）。

A. 资本公积　　B. 任意盈余公积

C. 法定盈余公积　　D. 上年未分配利润

14. 企业在分配收益时，必须按一定比例和基数提取法定公积金，这一要求体现(　　)。

A. 资本保全约束　　B. 企业积累约束

C. 债务合同约束　　D. 超额累积利润约束

15. 下列在确定公司利润分配政策时应考虑的因素中，不属于股东因素的是（　　）。

A. 规避风险　　B. 稳定股利收入

C. 防止公司控制权旁落　　D. 公司未来的投资机会

16. 剩余股利政策的优点是（　　）。

A. 有利于树立企业良好的形象

B. 有利于投资者安排收入和支出

C. 有利于保持最低资本成本

D. 体现投资风险与收益的对等

17. 在下列股利政策中，股利与利润之间保持固定比例关系，体现投资与收益对等关系的是（　　）。

A. 剩余股利政策　　B. 固定股利政策

C. 固定股利支付率政策　　D. 正常股利加额外股利政策

18. 下列说法不正确的是（　　）。

A. 处于经营收缩的公司，由于资金短缺，因此多采取低股利政策

B. 在通货膨胀时期公司股利政策往往偏紧

C. 盈余不稳定的公司一般采取低股利政策

D. 举债能力弱的公司往往采取较紧的股利政策

二、多项选择题

1. 销售预测的定性方法有（　　）。

A. 推销员判断法　　B. 专家判断法

C. 产品寿命周期分析法　　D. 趋势预测分析法

2. 趋势预测分析法包括（　　）。

A. 算术平均法　　B. 加权平均法　　C. 移动平均法　　D. 指数平滑法

3. 在相关范围内，固定成本的特点包括（　　）。

A. 成本总额不变　　B. 单位成本不变

C. 成本总额的正比例变动性　　D. 单位成本的反比例变动性

4. 在确定直接人工标准成本时，标准工时包括（　　）。

A. 直接加工操作时间　　B. 必要的工间休息

C. 设备调整时间　　D. 不可避免的废品耗用工时

5. 形成直接材料数量差异的原因有（　　）。

A. 操作疏忽　　B. 技术改进

C. 采购时舍近求远使价格提高　　D. 机器工具不适用

6. 造成直接人工效率差异的原因有（　　）。

A. 劳动情绪不佳　　B. 产量太少无法发挥批量优势

C. 设备故障较多　　D. 工人经验不足

7. 可以套用数量差异和价格差异模式的成本项目有（　　）。

A. 直接材料　　B. 直接人工

C. 变动制造费用　　D. 固定制造费用

8. 固定制造费用成本差异可以分解为（　　）。

A. 耗费差异　　B. 生产能力利用差异

C. 效率差异　　D. 数量差异

9. 下列说法不正确的是（　　）。

A. 只要本年净利润大于0，就可以进行利润分配

B. 只要可供分配利润大于0，必须提取法定公积金

C. 不存在用资本公积支付股利的可能

D. 提取公积金的基数是本年的税后利润

10. 公司在制定利润分配政策时应考虑的因素有（　　）。

A. 通货膨胀因素　B. 股东因素　C. 法律因素　D. 公司因素

11. 股利支付的方式包括（　　）。

A. 现金股利　B. 财产股利　C. 负债股利　D. 股票股利

12. 下列说法正确的是（　　）。

A. 具有较强举债能力的公司往往采取较宽松的股利政策

B. 盈余相对稳定的公司有可能支付较高的股利

C. 资产流动性较低的公司往往支付较低的股利

D. 有良好投资机会的公司往往少发股利

13. 发放股票股利对股价的影响包括（　　）。

A. 可能不会引起股价立即变化

B. 可能会稳定住股价甚至略有上升

C. 可能加剧股价的下跌

D. 可能导致股价大幅上涨

14. 股票分割之后（　　）。

A. 公司价值不变

B. 股东权益内部结构发生变化

C. 股东权益总额不变

D. 每股面额降低

三、判断题

1. 德尔菲法是采用函询的方式，征求各方面专家的意见，在各专家相互协商的基础上，根据自己的观点和方法进行预测，参考别人的意见修正本人原来的判断，如此反复多次，最终确定预测结果。(　　)

2. 企业在生产能力有剩余的情况下，增加生产一定数量的产品，只增加变动成本，而不增加固定成本。此时，在确定价格时，产品成本仅以变动生产成本计算。(　　)

3. 在销售量波动较大或进行短期预测时，可选取较小的平滑系数；在销售量波动较小或进行长期预测时，可选择较大的平滑系数。(　　)

4. 在一定业务量范围内，阶梯型成本可以看作是固定成本。(　　)

5. 采用高低点法分解混合成本，高低点的确定以成本大小为依据。(　　)

6. 单位变动成本一般会随业务量变化而相应变动。(　　)

7. 标准成本制度不仅可以运用于制造企业，也可以用于服务类企业。(　　)

8. 在成本差异分析中，数量差异的大小是由用量脱离标准的程度以及实际价格高低所决定的。(　　)

9. 股利政策的最终目标是使公司价值最大化。(　　)

10. 可以用资本发放股利，但不能在没有累计盈余的情况下提取公积金。(　　)

11. 以公司所拥有的其他企业的债券作为股利支付给股东属于负债股利支付方式。(　　)

12. 依靠股利维持生活的股东，往往要求公司支付较高的股利。(　　)

13. 在除息日之前，股利权从属于股票；从除息日开始，新购入股票的人不能分享本次已宣告发放的股利。(　　)

14. 企业发放股票股利会引起每股收益的下降，从而导致每股市价有可能下跌，因而每位股东所持股票的市场价值总额也将随之下降。(　　)

四、计算分析题

1. 某公司 2005—2010 年的产品销售量资料见表 5-1：

表 5-1　　　　　　　　　　　　　　　　　　　　　　　　　　单位：万元

年度	2005	2006	2007	2008	2009	2010
销售量	3 250	3 300	3 150	3 350	3 450	3 500

要求：

（1）根据以上资料，用算术平均法预测公司 2011 年的销售量。

（2）假设依据时间远近分别给予权数 1、2、3、4、5、6，采用加权平均法预测公司 2011 年的销售量。

2. 假定产品销售量只受广告费支出大小的影响，2010 年预计广告费支出 155 万元，以往年度的广告费支出及销售量的资料见表 5-2：

表 5-2　　　　单位：万元

年度	2004	2005	2006	2007	2008	2009
销售量	3 250	3 300	3 150	3 350	3 450	3 500
广告费	100	110	90	120	130	140

要求：用回归直线法预测公司 2010 年产品的销售量。

3. 某企业生产甲产品，预计单位产品的制造成本为 100 元，计划销售 10 000 件，计划期间的期间费用总额 200 000 元，该产品适用的消费税率为 10%，成本利润率必须达到 15%。

要求：根据以上资料，采用全部成本费用加成定价法测算单位产品的价格。

4. 企业生产某产品，设计生产能力 12 000 件，计划生产 10 000 件，预计单位产品的变动成本 190 元，计划期的固定成本费用 800 000 元，该产品适用的消费税税率 10%，成本利润率必须达到 20%。假定本年度接到一额外订单，订购 2 000 件该产品，单价 250 元。

要求：

（1）计算该企业计划内产品的单位价格。

（2）作出企业是否接受该额外订单的决策。

5. 假设甲公司的产量在 5 000～20 000 件相关范围内，有关成本资料如表 5-3：

表 5-3

产量（件）	5 000	10 000	15 000	20 000
变动成本	20 000			
固定成本	180 000			
总成本	200 000			
单位变动成本				
单位固定成本				
单位成本				

要求：在表中空白处填写相应的数字。

6. 某企业 1—6 月使用机器的工作量和发生的维修费用如表 5-4 所示：

表 5-4

时间	1	2	3	4	5	6
工作时间（小时）	250	210	270	300	350	450
维修费用（元）	1 400	1 280	1 518	1 672	2 278	2 240

要求：

（1）利用高低点法对维修费用进行分解。

（2）预计 7 月份机器工作时间为 480 小时，预测维修总成本。

7. P 制造厂对各项产品均建立标准成本制度，本年度甲产品每件的标准成本及实际成本资料如表 5-5、表 5-6：

表 5-5

成本项目	价格标准	用量标准	标准成本
直接材料	21 元/米	4 米	84 元
直接人工	10 元/工时	1.6 工时	16 元
变动制造费用	5 元/工时	1.6 工时	8 元
合计			108 元

表 5-6

成本项目	实际价格	实际用量	实际成本
直接材料	20 元/米	4.4 米	88 元
直接人工	12 元/工时	1.4 工时	16.8 元
变动制造费用	5.2 元/工时	1.4 工时	7.28 元
合计			112.08 元

该厂在本会计期间共生产产品 5 000 件。

要求：计算成本总差异及并分析产生差异的原因。

8. A 企业本月实际产量 500 件，发生固定制造费用 1 500 元，实际工时为 900 小时；企业生产能量为 960 小时，每件固定制造费用标准成本为 3.2 元/件，每件工时定额 2 小时。

要求：计算固定制造费用总差异，并分析差异的原因。

9. G 股份有限公司有关资料如下：

（1）公司本年年初未分配利润贷方余额为 180 万元，本年息税前利润为 820 万元，所得税税率为 25%。

（2）公司流通在外的普通股 60 万股，发行时每股面值 1 元，每股溢价收入 9 元；公司负债总额为 200 万元，均为长期负债，平均年利率为 10%，假定筹资费用忽略不计。

（3）公司股东大会决定本年度按 10% 的比例计提法定盈余公积。本年按可供投资者分配利润的 16% 向普通股股东发放现金股利。

要求：

（1）计算 G 公司本年度净利润。

（2）计算 G 公司本年应计提的法定盈余公积。

（3）计算 G 公司本年末可供投资者分配的利润。

（4）计算 G 公司每股支付的现金股利。

10. 公司正在研究其股利分配政策。目前该公司发行在外的普通股共 100 万股，净资产 200 万元，今年每股支付 1 元股利。预计未来 3 年的税后利润和需要追加的资本性支出见表 5-7。

表 5-7　　税后利润及资本支出　　单位：万元

年　份	1	2	3
税后利润	200	250	200
资本支出	100	500	200

假设公司目前没有借款并希望逐步增加负债的比重，但是资产负债率不能超过 30%。筹资时优先使用留存收益，其次是长期借款，必要时增发普通股。假设上表给出的“税后利润”可以涵盖增加借款的利息，并且不考虑所得税的影响。增发股份时，每股面值 1 元，预计发行价格每股 2 元，假设增发当年不需要支付股利，下一年开始发放股利。

要求：

（1）假设维持目前的每股股利，计算各年需要增加的借款和股权资金。

（2）假设采用剩余股利政策，计算各年需要增加的借款和股权资金。

11. 某上市公司在 2010 年末，其资产负债表上的股东权益账户情况如下（单位：万元）：

普通股（面值 10 元，流通在外 1 000 万股）	10 000
资本公积	16 000
盈余公积	5 200
未分配利润	7 800
股东权益合计	39 000

要求：

（1）假设该公司宣布按股票面值发放 30% 的股票股利，即现有股东每持 10 股，即可获得 3 股普通股。发放股票股利后，股东权益有何变化？每股净资产是多少？

（2）假设该公司按照 1∶5 的比例进行股票分割。股票分割后，股东权益有何变化？每股净资产是多少？

五、案例分析题

【案例 1】

企业亏损产品是否停产、转产、增产的决策

甲企业生产三类产品：A 产品、B 产品和 C 产品。2010 年该厂销售部门根据市场需求进行预测，计划部门初步平衡了生产能力，编制了 2010 年产品生产计划，财会部门打算据此进行产品生产的决策。

该厂多年生产的 A 产品，由于造价高、定价低，长期亏损。尽管是亏损产品，但是市场上仍有其一定的需求量，为满足市场需要，仍继续生产。财会部门根据产品生产计划预测了成本和利润，如表 5-8 所示。

表 5-8 **2010 年成本、利润预测表** 单位：万元

产品	A 产品	B 产品	C 产品	合计
销售收入	654.6	630.7	138.3	1 423.6
销售成本	681.9	564.5	106.8	1 353.2
销售利润	–27.3	66.2	31.5	70.4

厂长阅读了该表以后，对财会部门提出了这样几个问题：

(1) 2010 年本厂目标利润能否达到 100 万元?

(2) A 产品亏损 27.3 万元，可否考虑停产?

带着这些问题，财会部门与销售、生产等部门一起，共同研究，寻找对策。若干天后，他们提出了以下 3 个方案，希望有关专家分析比较，确定其中的最优方案。

方案一：停止生产 A 产品，按原计划生产 B 产品和 C 产品。

方案二：停止生产 A 产品后，根据生产能力的平衡条件，B 产品最多增产 40%，C 产品最多增产 10%。

方案三：进一步平衡生产能力，调整产品生产计划。该厂 B 产品系列是最近几年开发的新产品，由于技术性能好，质量高，颇受用户欢迎，目前已是市场供不应求的产品。故根据市场预测，调整产品生产结构，压缩 A 产品生产计划 30%，B 产品在原方案基础上可增产 36%。

另外，财会人员运用回归分析法，在计算出单位产品变动成本的基础上，计算出变动成本占销售收入的比率。在 2009 年的成本资料基础上，考虑到原材料调价因素，其结果如表 5-9 所示。

表 5-9 各产品变动成本占销售收入的比率

产　品	A 产品	B 产品	C 产品
变动成本占销售收入的百分比	70%	60%	55%

企业财务人员对上述三个方案分析过程如下：

首先，计算各产品的变动成本、边际贡献和销售利润，见表 5-10。

表 5-10 各产品变动成本、边际贡献和销售利润计算表 单位：万元

项　目	A 产品	B 产品	C 产品	合计
销售收入	654.6	630.7	138.3	1 423.6
变动成本	458.2	378.4	76.1	912.7
边际贡献	196.4	252.3	62.2	510.9
固定成本	223.7	186.1	30.7	440.5
销售利润	−27.3	66.2	31.5	70.4

其次，分别进行各种方案的计算和分析。

若选择 A 方案，停止生产 A 产品，按原计划生产 B 产品和 C 产品的利润如表 5-11 所示。

表 5-11 A 方案的利润 单位：万元

项　目	B 产品	C 产品	合计
销售收入	630.7	138.3	769
变动成本	378.4	76.1	454.5
边际贡献	252.3	62.2	314.5
固定成本	440.5		440.5
销售利润	−126		−126

可见，由于 A 产品存在很大的边际贡献，A 方案单纯停产 A 产品，停产后企业会出现亏损 126 万元。

若选择 B 方案的利润如表 5-12 所示。

表 5-12　　**B 方案的利润**　　单位：万元

项　目	B 产品	C 产品	合计
销售收入	883.0	152.1	1 035.1
变动成本	529.8	83.7	613.5
边际贡献	353.2	68.4	421.6
固定成本	440.5		440.5
销售利润	−18.9		−18.9

B 方案仍然亏损，亏损额为 18.9 万元。

若选择 C 方案的利润如表 5-13 所示。

表 5-13　　**C 方案的利润**　　单位：万元

项　目	A 产品	B 产品	C 产品	合计
销售收入	458.2	857.8	138.3	1 454.3
变动成本	320.7	514.6	76.1	911.4
边际贡献	137.5	343.2	62.2	542.9
固定成本		440.5		440.5
销售利润		102.4		102.4

C 方案可达到目标利润 100 万元。

最后，综合以上分析，决策为选择 C 方案。

阅读上述资料，分析讨论以下问题：

（1）决定亏损产品是停产还是继续生产的主要依据是什么？从中体现了成本的哪些特性？

（2）比较变动成本法与全部成本法在利润核算上的区别。

（3）分析影响利润变动的主要因素有哪些？如何提高企业利润？

【案例 2】

H 饮料厂的股利政策

H 饮料厂创办于 20 世纪 80 年代，是当地最大的饮料企业。该厂适应市场需求，先后推出碳酸饮料、果味饮料、矿泉水、纯净水等饮品，1995 年改组为 H 饮品股份有限公司（以下简称 H 公司），总股本 1 500 万股。

1. 公司章程对股利分配的有关规定

（1）公司净利润按以下顺序进行分配：①弥补上一年度亏损；②提取 10% 法定公积

金；③提取5%法定公益金；④支付股东股利。

(2) 公司实行同股同权的分配政策。公司董事会在每年会计年度结束后提出分配预案，报股东大会批准实施，除股东大会另有决议外，股利每年派发一次，在每个会计年度结束后6个月内，按股东持股比例进行分配。当公司董事会认为必要时，在提请股东大会讨论通过后，可增派年度中期股利。

(3) 在向个人股东分配股利时，按照《中华人民共和国个人所得税法》和国家税务总局发布的《征收个人所得税若干问题的规定》，代扣代缴个人所得税。

在生产经营过程中，最初由于当时的饮品包装多为玻璃瓶，不易运输，外地饮品较难打入本地市场，H公司借助于地利人和，在本地市场中一直占有较高的市场优势，经营业绩一直稳步上升。经股东大会决议，公司制定了固定股利政策，即每年每股发放0.2元现金股利。

随着市场经济的不断深化，饮品行业竞争日益激烈，H公司的市场占有率不断降低，经营业绩也逐步下降。公司管理人员对此忧心忡忡，认为应对公司的各个方面进行重新评价定位，当然也包括股利政策方面。公司拟召开董事会会议，要求公司的总会计师提出新的股利分配政策方案，以供董事会会议讨论。

2. 总会计师获取的调查资料

(1) 我国饮品行业状况。近几年饮品行业在我国发展速度很快，市场竞争非常激烈，但市场并没有饱和。据有关资料统计：欧洲每年人均各类饮品消费量为200公斤，菲律宾每年人均仅消费碳酸饮料就达40公斤，而我国年人均消费还不到10公斤。可见，与其他国家相比，我国饮品有巨大的市场潜力。近年来，我国桶装水、瓶装水市场需求旺盛，年产量已达到400吨左右，占所有饮品年产量的三分之一，尤其是家庭式桶装水，其能适应多种需求，发展势头良好，但水的合格率却不尽如人意。另外，随着人民生活质量和保健意识的提高，果味饮料、碳酸饮料市场日趋萎缩，绿色无污染保健饮品、纯果汁饮品、植物蛋白饮品以及茶饮品，成为饮品家族的新生力量，在市场上崭露头角，满足人们的高品质需求，市场潜力巨大。

(2) 公司目前状况。目前公司主要生产三大类产品，其中40%的生产能力生产传统产品——碳酸饮料和果味饮料，由于供过于求，销售情况较差，并且此类产品市场主要在农村，销售利润率比较低。公司的主要生产能力（大约50%）在生产第二大类产品，即市场需求旺盛的矿泉水和包装纯净水，此类产品是公司利润的主要来源。另外，公司年初新开发的绿色纯果汁饮品系列，比较符合消费者当前的消费趋势，已经呈现出比较旺盛的市场竞争力，预计将成为公司新的利润增长点。不过，由于H公司生产能力有限，目前只有10%的生产能力在生产此系列产品，创造的利润有限。

(3) 公司广告宣传力度不够。根据市场调查表明：各种品牌的饮品销售额，与相关的广告宣传力度有极大的关系，广告做得多，消费者受到的消费提示就越多，市场份额也就越大。饮品行业中各大公司都在进行广告宣传，以扩大市场知名度，进而扩大销售，提高企业经营业绩。H公司在前些年一直未充分认识到广告宣传对公司业绩的有效作用，每年在广告宣传方面的费用比同行业平均水平低30%，致使公司产品知名度逐渐下降，市场占有率也日益萎缩。

(4) 公司在饮品行业中的优势：

①公司创办以来，产品品质优良，市场形象较好，在有关的市场监督中，市场评价一直较好。

②公司有较强的科研开发能力。年初已经开发出的绿色果汁饮品系列，目前正在开发研制绿色无污染保健饮品，并积极在植物蛋白饮品的口味、质地的调试度方面进行研究。

③公司地处城乡结合处，地理位置十分优越，有充足的原材料来源，原材料和劳动力成本都比较低，还可以同时发展城市和农村两大市场。

(5) 公司的投资计划：

①公司将直面竞争，抓住市场机遇，积极调整生产结构，逐步缩减碳酸饮料，特别是果味饮料的产量，将生产能力转向新开发的、市场前景看好的绿色纯果汁饮品。为此，公司将引进一条新的生产线以及相应的配套设施，预计需投资800万元资金，投产后当年即可见效，预计投资报酬率在25%左右。

②公司为适应市场竞争，将不断加强科研开发能力，继续研制开发新产品，拟在绿色无污染保健饮品、植物蛋白饮品方面有所建树。在下一年度，预计将投入研制费用200万元。

(6) H公司有关财务指标如表5-14所示。

表5-14 **H公司财务指标** 单位：万元

项目	1999年度	2000年度
主营业务收入	1 800	2 040
主营业务成本	1 250	1 400
主营业务利润	480	566
利润总额	460	510
净利润	308.2	341.7
年初未分配利润	170.4	180
可供分配的利润	478.6	512.7
提取法定盈余公积金	30.8	34.2
提取法定公益金	15.4	17.1
可供股东分配的利润	432.4	470.4
应付普通股股利		300
未分配利润		170.4

①公司目前资产负债率为35%，当前饮品行业平均的资产负债率为40%。

②根据有关方面的调查：有30%的股东比较偏好资本收益，有20%的股东比较偏好现金收益，有50%的股东无特别偏好。

③当前股市中，如果发行新股筹资，每股发行价为5~6元，发行费率4%。公司目

前的市盈率偏低，为5倍，而投资者对本行业的期望投资报酬率为20%左右。预计在调整生产结构、实现投资计划后，公司业绩会有所改善，市盈率会上升到10倍，接近于同行业水平。

④公司有较好的银企关系，银行能随时为公司提供约50万元的流动资金。如果公司准备筹集长期债务资金，经调查，可能的长期债务资本成本如表5-15所示。

表5-15　债务资本成本

资产负债率	0～20%	20%～45%	45%～60%	60%～100%
资本成本	5%	6%	7%	10%

⑤公司的现金流量情况：公司每年的销售收入中，有40%为赊销收入，其中：有80%的客户信用较好，一般可于半年内付款，有15%的客户要拖到一年后付款，有2%的客户可能延至一年半付款，另有3%的客户可能形成坏账；公司于次年6月将有220万元的长期借款到期。

阅读上述资料，请分析讨论以下问题：

(1) H公司目前采用的是哪种股利政策？这种股利政策与其他股利政策相比，有什么缺点？

(2) 你对H公司目前的股利政策作何评价？

(3) 如果你是该公司的总会计师，你认为是否需要调整目前的股利政策？为什么？如果调整，应该考虑哪些因素？

【案例3】

海南椰岛（集团）股份有限公司2010年度利润分配方案实施公告

本公司董事会及全体董事保证本公告内容不存在任何虚假记载、误导性陈述或者重大遗漏，并对其内容的真实性、准确性和完整性承担个别及连带责任。

重要内容提示：

1. 每10股送红股5股，即每股送红股0.5股；

2. 每10股派发现金红利0.56元（含税），即每股派发现金红利0.056元（含税）；

3. 扣税前每股现金红利0.056元；扣税后每股现金红利0.000 4元；

4. 股权登记日：2011年5月20日；

5. 除权（除息）日：2011年5月23日；

6. 新增无限售条件流通股份上市流通日：2011年5月24日；

7. 现金红利发放日：2011年5月26日；

一、通过分配、转增股本方案的股东大会届次和日期

《公司2010年度利润分配预案》经2011年5月9日召开的“公司2010年度股东大会”审议通过。股东大会决议公告刊登于2011年5月10日的《上海证券报》、《中国证

券报》、《证券时报》以及上海证券交易所网站。

二、分配、转增股本方案

1. 公司以2010年12月31日总股本298 800 000股为基数，向全体股东每股送红股0.5股，每股派发现金红利0.056元（含税），即每10股送红股5股，每10股派发现金红利0.56元（含税）。

2. 发放年度：2010年度。

3. 发放范围：截至2011年5月20日下午上海证券交易所收市后，在中国证券登记结算有限责任公司上海分公司登记在册的全体股东。

4. 扣税情况：

（1）对于持有公司股份的个人股东和证券投资基金，公司对送股和现金红利均按照10%的税率代扣代缴个人所得税，扣税后实际发放现金红利为每股人民币0.000 4元。

（2）对于持有公司股份的合格境外机构投资者（QFII）股东，公司将根据国家税务总局2009年1月23日颁布的《关于中国居民企业向QFII支付股息、红利、利息代扣代缴企业所得税有关问题的通知》（国税函［2009］47号）（简称《通知》）的规定，由公司按照10%的税率代扣代缴企业所得税，扣税后实际发放现金红利为每股0.000 4元；如QFII股东涉及享受税收协定（安排）待遇的，股东可按照《通知》的规定在取得股息后自行向主管税务机关提出申请；如存在QFII以外的其他非居民企业股东，建议参考《中华人民共和国企业所得税法》第三十九条的相关规定，由纳税人在所得发生地缴纳。

（3）对于属于《中华人民共和国企业所得税法》项下居民企业的股东的所得税自行缴纳，实际发放现金红利为每股人民币0.056元。

三、分红派息具体实施日期

股权登记日：2011年5月20日

除权日（除息日）：2011年5月23日

新增无限售条件流通股份上市日：2011年5月24日

红利发放日：2011年5月26日

四、分派对象

截至2011年5月20日下午上海证券交易所收市后，在中国证券登记结算有限责任公司上海分公司登记在册的全体股东。

五、分配、转增股本实施办法

（一）现金红利

1. 公司股东海口市国有资产经营有限公司、深圳市富安控股有限公司的现金红利由公司直接发放。

2. 除海口市国有资产经营有限公司、深圳市富安控股有限公司以外，持有本公司无限售条件的流通股股东的现金红利委托中国证券登记结算有限责任公司上海分公司通过其资金清算系统向股权登记日登记在册并在上海证券交易所各会员办理了指定交易的股东派发。已办理指定交易的投资者可于红利发放日在其指定的证券营业部领取现金红利，未办理指定交易的股东红利暂由中国证券登记结算有限责任公司上海分公司保管，待办理指定交易后再进行派发。

3. 持有本公司有限售条件的流通股的现金红利由本公司直接派发。

（二）红股

派送红股的股份由中国证券登记结算公司上海分公司通过计算机网络，根据股权登记日登记在册的股东持股数，按照比例将所送派股份直接记入公司股东账户。每位股东按送股比例计算后不足一股的部分，按小数点后尾数大小排序向股东依次送一股，直至实际送股总数与本次送股总数一致，如果尾数相同者多于余股数，则由电脑抽签派送。

六、股本变动结构表

表 5-16

股本结构	无限售条件流通股份	有限售条件流通股份	股份总数
本次变动前（股）	294 687 720	4 112 280	298 800 000
比例（%）	98.62	1.38	100
本次增加（股）	147 343 860	2 056 140	149 400 000
本次变动后数量（股）	442 031 580	6 168 420	448 200 000
比例（%）	98.62	1.38	100

实施送转股方案后，按新股本总数 448 200 000 股摊薄计算的 2010 年度每股收益 0.44 元/股。

七、咨询联系办法

联系地址：海南省海口市龙昆北路 13-1 号

联系电话：0898-66532987 联系传真：0898-66780881

联系人：齐苗苗　蔡专

八、备查文件目录

公司 2010 年度股东大会决议。

特此公告。

海南椰岛（集团）股份有限公司

董事会

二零一一年五月十六日

资料来源：2011 年 5 月 17 日《证券时报》

阅读上述资料，请分析讨论以下问题：

（1）股利分配过程依次经历了哪些重要的时间？

（2）企业采用了哪几种股利形式？

（3）股票股利对企业及股东有什么好处？

（4）股票股利能否改变股权结构？对股东财富有何影响？

学习情境六 财务预算

一、单项选择题

1. 全面预算是关于未来期间内（　　）。

A. 企业的成本计划

B. 企业的利润计划

C. 企业总体的行动计划与相应措施的数量说明

D. 企业总体计划的文字说明

2. 资本支出预算属于（　　）。

A. 财务预算　B. 生产预算　C. 专门决策预算　D. 业务预算

3. 用于概括与企业日常业务直接相关、具有实质性的基本活动的一系列预算称作（　　）。

A. 特种决策预算　B. 业务预算　C. 财务预算　D. 销售预算

4. 现金预算属于（　　）。

A. 业务预算　B. 生产预算　C. 专门决策预算　D. 财务预算

5. 编制经营预算与财务预算的期间通常是（　　）。

A. 1 个月　B. 1 个季度　C. 半年　D. 1 年

6. 零基预算的编制基础是（　　）。

A. 零　B. 基期的费用水平

C. 国内外同行业费用水平　D. 历史上费用的最好水平

7. 预算编制方法中，与固定预算相对应的是（　　）。

A. 滚动预算　B. 弹性预算　C. 增量预算　D. 零基预算

8. 在成本性态分析的基础上，分别按照一系列可能达到的预计业务量水平而编制的能适应多种情况的预算是（　　）。

A. 滚动预算　B. 弹性预算　C. 增量预算　D. 零基预算

9. 编制弹性预算首先应当考虑及确定的因素是（　　）。

A. 业务量　B. 变动成本　C. 固定成本　D. 计量单位

10. 滚动预算的基本特点是（　　）。

A. 预算期是相对固定的　B. 预算期是连续不断的

C. 预算期与会计年度一致　D. 预算期不可随意变动

11. 下列各项中，属于编制全面预算的关键和起点的是（　　）。

A. 直接材料预算　　　　　　　　B. 直接人工预算
C. 生产预算　　　　　　　　　　D. 销售预算

12. 销售预算中通常还包括一个应收账款预算，以反映预算期内因销售而发生的非现金收入，作为以后各期编制（　　）的依据。

A. 专门决策预算　　　　　　　　B. 现金预算
C. 预计利润表　　　　　　　　　D. 预计资产负债表

13. 直接人工预算的编制直接以（　　）为基础。

A. 机器小时数　　　　　　　　　B. 生产预算
C. 销售预算　　　　　　　　　　D. 小时工资率

14. 下列各项中，只涉及实物计量单位而不涉及价值计量单位的预算是（　　）。

A. 销售预算　　　　　　　　　　B. 生产预算
C. 专门决策预算　　　　　　　　D. 财务预算

15. 在编制制造费用预算时，计算现金支出应予剔除的项目是（　　）。

A. 间接材料　　　　　　　　　　B. 间接人工
C. 管理人员工资　　　　　　　　D. 折旧费

16. 下列各项中，不必单独编制与之有关的现金收支预算的是（　　）。

A. 销售预算　　　　　　　　　　B. 直接材料预算
C. 直接人工预算　　　　　　　　D. 制造费用预算

17. 商业企业营业预算的具体内容不包括（　　）。

A. 销售预算　　　　　　　　　　B. 生产预算
C. 存货预算　　　　　　　　　　D. 直接材料预算

18. 可以概括了解企业在预算期间盈利能力的预算是（　　）。

A. 专门决策预算　　　　　　　　B. 现金预算
C. 预计利润表　　　　　　　　　D. 预计资产负债表

19. 编制现金预算时，如果出现短缺，以下各项不属于筹集资金的方式是（　　）。

A. 举借外债　　　　　　　　　　B. 出售证券
C. 发行股票　　　　　　　　　　D. 短期对外投资

20. 财务预算的最后一步是编制（　　）。

A. 销售预算　　　　　　　　　　B. 现金预算
C. 预计利润表　　　　　　　　　D. 预计资产负债表

二、多项选择题

1. 构成全面预算内容的有（　　）。

A. 业务预算　　B. 财务预算　　C. 专门决策预算　　D. 零基预算

2. 在下列预算中，属于业务预算的内容有（　　）。

A. 专门决策预算　　B. 销售预算　　C. 生产预算　　D. 现金预算

3. 财务预算的主要内容包括（　　）。

A. 现金预算　　B. 预计利润表　　C. 预计资产负债表　　D. 销售预算

4. 全面预算的作用概括起来有（　　）。

A. 明确工作目标　　B. 协调各职能部门的关系

C. 控制各部门日常经济活动　　D. 考核各部门工作业绩

5. 零基预算与传统的增量预算相比较，其不同之处在于（　　）。

A. 能够调动各部门降低费用的积极性

B. 以零为基础

C. 以现有的费用水平为基础

D. 一切从实际需要出发

6. 编制预算的方法按其选择的业务量基础的数量特征不同，可分为（　　）。

A. 固定预算　B. 增量预算　C. 零基预算　D. 弹性预算

7. 弹性预算主要运用于编制（　　）。

A. 弹性费用预算　　B. 弹性利润预算

C. 直接人工预算　　D. 直接材料预算

8. 滚动预算方法的优点是（　　）。

A. 连续性　B. 间断性　C. 滞后性　D. 预见性

9. 在生产预算中，预计生产量的计算与（　　）有关。

A. 预计销售量　　B. 预计期末产成品存货

C. 预计期初产成品存货　　D. 产成品价格

10. 直接人工预算包括（　　）等方面的内容。

A. 预计销售量　　B. 预计生产量

C. 预计单位产品直接人工工时　　D. 小时工资率

11. 以生产预算为基础编制的预算包括（　　）。

A. 直接材料的采购预算　　B. 直接人工预算

C. 制造费用预算　　D. 销售及管理费用预算

12. 下列各项中，属于编制现金预算依据的有（　　）。

A. 销售预算　　B. 直接材料采购预算

C. 制造费用预算　　D. 产品成本预算

13. 现金预算包括（　　）。

A. 现金收入　　B. 现金支出

C. 现金多余或不足　　D. 现金筹集和运用

14. 预计利润表的编制基础是（　　）。

A. 销售预算　　B. 现金预算

C. 管理费用预算　　D. 销售费用预算

三、判断题

1. 全面预算主要是以实物数量形式反映有关企业未来一段时期内全部经营活动各项目标的行动计划与相应措施的数量说明。（　　）

2. 增量预算法认为基期的各项业务都是合理的及现有的业务活动都是企业所必需的，

分析预算期业务量水平及有关影响因素的变动情况，通过调整基期项目的历史数据，编制预算期的预算的方法。(　　)

3. 一般来说，弹性预算业务量范围可定在正常生产能力的80%~120%。(　　)

4. 定期预算有利于前后各个期间的预算衔接，能适应连续不断的业务活动过程的预算管理要求。(　　)

5. 生产预算是整个预算编制的起点，其他预算的编制都以生产预算作为基础。(　　)

6. 生产预算是业务预算中唯一仅以数量形式反映预算期内有关产品生产数量及品种构成的一种预算。(　　)

7. 直接人工预算不需另外预计现金支出和收入，直接参加现金预算汇总。(　　)

8. 现金预算实际是其他预算有关现金收支部分的汇总，以及收支差额平衡措施的具体规划。(　　)

9. 现金预算中的"所得税现金支出"项目，要与预计损益表中的"所得税"项目的金额一致。它是根据利润总额和预计所得税率计算出来的，一般不需考虑纳税调整事项。(　　)

10. 预计财务报表的编制程序是先编制预计资产负债表，然后编制预计利润表。(　　)

四、计算分析题

1. 甲公司为深入开展双增双节运动，降低费用开支水平，拟对历年来超支严重的业务招待费、劳动保护费、办公费、广告费、保险费等间接费用项目按照零基预算方法编制预算。有关资料如表6-1所示。

表6-1　　**预计费用项目及开支金额**　　单位：元

费用项目	开支金额
业务招待费	100 000
劳动保护费	180 000
办公费	100 000
广告费	300 000
保险费	120 000
合计	800 000

经过充分论证，得出以下结论：上述费用中除业务招待费和广告费以外都不能再压缩了，必须得到全额保证。根据历史资料对业务招待费和广告费进行成本—效益分析如表6-2所示。

表 6-2　　成本—效益分析表　　单位：元

成本项目	成本金额	收益金额
业务招待费	1	3
广告费	1	6

假定该公司预算年度对上述各项费用可动用的财力资源只有 750 000 元。

要求：采用零基预算法编制预算期本年度的营业及管理费用预算。

2. 假设甲公司生产和销售一种产品。本年度预期的销售量为 7 000 件，每个季度的销售量分别为 1 500 件、2 000 件、2 000 件和 1 500 件。每季度收到的销售货款占本季度销售收入的 40%，其余的 60% 在下季度收到。上年末的应收账款 45 000 元将于预算年度的第一季度收回。产品预计售价为 60 元。

要求：根据以上资料编制本年度甲公司的销售预算。

3. 表 6-3、表 6-4 列示了某公司销售预算及生产预算的部分内容。该公司存货政策：期末产成品存货是下月预计销售量的 40%。请把这两张表补齐。

表 6-3　　销售预算

月份	1	2	3	4
销售量（件）	3 000	3 500		

表 6-4　　生产预算

月份	1	2	3	4
预计销售量	3 000	3 500		
预计期末存货量		2 000		
总需求量				7 200
期初存货量				2 400
预计生产量				4 800

4. 假设乙公司本年度预计生产量为 6 700 件，1—4 季度分别为 1 500 件、2 000 件、1 800件和 1 400 件。年初与年末预计的材料库存量分别为 400 千克与 350 千克，其余各期期末材料库存量为下期生产需要量的 20%。单位产品耗用的材料为 2 千克/件。材料的计划单价为 10 元/千克。预计各期材料采购货款于当期支付 50%，下期支付 50%。年初应付账款余额为 12 000 元在预算年度的第一季度支付。

要求：根据上述资料编制乙公司本年度的直接材料预算。

5. A 公司 2010 年第四季度的预计资料如表 6-5：

表 6-5

月份	10	11	12
销售收入（元）	200 000	300 000	240 000

销售佣金：销售收入的 10%　　其他销售费用：每月 1 000 元

运费：销售收入的 1%　　管理人员工资：每月 8 000 元

广告费用：每月 5 000 元　　其他管理费用：每月 3 000 元

要求：编制第四季度销售及管理费用预算。

6. 假设企业期末现金最低库存 15 000 元，现金短缺主要以银行借款解决，贷款及还款均为 1 000 元的整数，企业于期初贷款，按贷款先后顺序于季末归还贷款本息，贷款年利率为 12%。本企业现金预算表见表 6-6。

表 6-6　　现金预算表

摘　要	第一季度	第二季度	第三季度	第四季度
期初现金余额	18 000	（5）	（11）	（16）
加：现金收入	120 000	140 000	（12）	136 000
可动用现金合计	（1）	（6）	159 000	（17）
减：现金支出				
直接材料	25 000	35 000	34 000	（18）
直接人工	13 000	15 000	13 000	14 000
制造费用	7 000	8 000	6 800	7 200
销售费用	1 300	1 500	1 400	1 000
管理费用	18 000	18 000	18 000	18 000
购置设备	48 000	33 000	—	—
支付所得税	27 000	27 000	27 000	27 000
支付股利	10 000	10 000	10 000	10 000
现金支出合计	149 300	（7）	110 200	110 000
现金余缺	（2）	（8）	48 800	（19）
银行借款	（3）	（9）	—	—
借款归还	—	—	（13）	（20）
支付利息	—	—	（14）	（21）
期末现金余额	（4）	（10）	（15）	（22）

要求：将现金预算表中的空缺项（1）~（20）填列出来。

7. B公司有关资料如下；

（1）2011年1月份预计销售量5 000件，单价20元；2月份预计销售量6 000件，单价20元。

成本资料：产品购价5元/件，销售佣金为销售额的10%，折旧每月2 000元，其他营业费用每月40 000元，外加销售收入的5%。

（2）销售款当月收回40%，其余60%下月收回。

（3）购货款的40%当月支付，其余60%下月支付。

（4）公司存货政策是保持月末商品存货为次月销售量的150%。2009年末的存货为6 000件，低于预算。

（5）其他需现金支付的费用在发生当月支付。

（6）公司将于1月20日支付3 000元的股利。

表6-7　　**B公司资产负债表**

2009年12月31日　　单位：元

资产	金额	负债及所有者权益	金额
现金	20 000	应付账款	12 000
应收账款	30 000		
存货	30 000	普通股	200 000
厂房设备	200 000	留存收益	68 000
合计	280 000	合计	280 000

要求：利用上述资料编制B公司1月份的相关业务预算及财务预算。

五、案例分析题

【案例1】

编制L公司的全面预算

L公司产销一种产品，经预测2010年全年预计销售量19 500件，单价80元。每季度销售收入的60%于当季度收到现金，其余40%于下一季度收回。另外，年初应收账款余额160 000元。其他资料如下：

（1）预计各季度销售量分别为：第一季度4 000件、第二季度4 500件、第三季度6 000件、第四季度5 000件。

（2）预计年初存货800件、年末存货量1 100件，各季度的季末存货量为下一季度销售量的20%。

（3）产品材料耗用情况：生产产品每件耗用甲材料10千克，每公斤2元。甲材料采购货款当月付60%，其余40%于下季度支付。年初应付材料款31 400元。

（4）预计年初、年末材料存货分别为12 000千克、14 800千克，各季度末材料库存量为下一季度生产需要量的30%。

(5) 生产产品每件需用直接人工2.5小时，每小时直接人工成本8元。

(6) 制造费用有关预计资料如下：

变动制造费用（全年）（元）	118 800
其中：间接人工	39 600
间接材料	49 500
维修费	14 850
水电费	9 900
其他	4 950
固定制造费用（全年）（元）	140 000
其中：行政管理人员工资	41 000
保险费	15 000
维修费	14 000
折旧费	60 000
其他	10 000

(7) 销售及管理费用预计资料如下：

变动销售及管理费用（全年）	78 000
其中：销售佣金	50 700
运输费	11 700
销售人员工资	15 600
固定销售及管理费（全年）	60 000
其中：管理人员工资	12 000
广告费	24 000
保险费	6 000
其他	18 000

(8) 固定资产购置、融资、发放股利和税金缴纳情况：

①固定资产购置（元）：第一季度购置A设备30 000元、第三季度购置B设备35 000元、第四季度购置C设备50 000元。

②银行借款和还本付息情况：第一季度初借款100 000元，第三季度末还款100 000元，还款同时支付利息6 000元。

③交纳税金情况：

a. 交纳产品销售税：第一季度16 000元、第二季度18 000元、第三季度24 000元、第四季度20 000元；

b. 交纳所得税：各季度均为30 000元；

c. 发放股利：各季度均为20 000元。

要求：根据以上资料，编制L公司2010年度全面预算。

(1) 编制销售预算。

表 6-8 **销 售 预 算 表**

2010 年度 单位：元

项 目		第一季度	第二季度	第三季度	第四季度	全年合计
预计销售量（件）		4 000	4 500	6 000	5 000	19 500
销售单价（元/件）		80	80	80	80	80
预计销售收入						
预计现金收入	应收账款（年初）					
	一季度销售收入					
	二季度销售收入					
	三季度销售收入					
	四季度销售收入					
	现金收入合计					

（2）编制生产预算。

表 6-9 **生 产 预 算 表**

2010 年度 单位：元

项 目	第一季度	第二季度	第三季度	第四季度	全年合计
预计销售量（件）	4 000	4 500	6 000	5 000	19 500
加：预计期末存货量				1 100	
预计需要量					
减：期初存货量	800				
预计生产量					

（3）编制直接材料预算表。

表 6-10 **直接材料采购表**

2010 年度 单位：元

项 目		第一季度	第二季度	第三季度	第四季度	全年合计
直接材料采购预算	预计生产量（件）					
	单件用料量（kg）					
	材料需要量（kg）					
	加：预计期末材料存货量					
	预计需要量合计					
	减：预计期初材料存货量					
	预计材料采购量					
	材料单价					
	预计采购材料金额					

续表

项目		第一季度	第二季度	第三季度	第四季度	全年合计
预计现金支出	应付账款（年初余额）					
	一季度采购材料款					
	二季度采购材料款					
	三季度采购材料款					
	四季度采购材料款					
	合计					

（4）编制直接人工预算。

表 6-11 **直接人工预算表**

2010 年度

单位：元

项目	第一季度	第二季度	第三季度	第四季度	全年合计
预计生产量（件）					
单位产品直接人工小时					
直接人工总小时					
每小时平均工资率					
直接人工总额					

（5）制造费用预算表。

表 6-12 **制造费用预算表**

2010 年度

单位：元

变动制造费用				固定制造费用	
项目	小时费用率	单位产品费用分配额	全年费用额	项目	全年费用额
间接人工				管理人员工资	
间接材料				保险费	
维修费				折旧费	
水电费				维修费	
其他				其他	
合计				合计	

表 6-13 现金支出表

2010 年度 单位：元

项目		第一季度	第二季度	第三季度	第四季度	全年合计
变动部分	预计生产量（件）					
	预计直接人工小时					
	费用分配率					
小计						
固定部分	固定费用					
	减：折旧					
小计						
合计						

（6）编制单位产品和期末存货预算。

表 6-14 单位产品和期末存货预算

2010 年度 单位：元

项目	价格标准	用量标准	合计
直接材料			
直接人工			
变动制造费用			
单位变动生产成本			
期末存货预算	期末存货数量		
	单位变动生产成本		
	期末存货金额		

（7）编制销售及管理费用预算。

表 6-15 销售及管理费用预算

2010 年度 单位：元

变动销售及管理费用			固定销售及管理费用	
项目	单位产品应分配费用额	全年费用额	项目	全年费用额
销售佣金			管理人员工资	
运输费用			保险费	
销售人员工资			广告费	
其他			其他	
合计			合计	

表 6-16

现金支出表

2010 年度　　单位：元

项　　目	第一季度	第二季度	第三季度	第四季度	全年合计
销售量（件）					
变动销售及管理费用（元）					
固定销售及管理费用（元）					
现金支出合计					

（8）编制资本支出预算、融资、交纳税金和发放股利预算。

表 6-17

资本支出预算

2010 年度　　单位：元

项　　目	第一季度	第二季度	第三季度	第四季度	全年合计
A 设备					
B 设备					
C 设备					
合　　计					

表 6-18

融资预算表

2010 年度　　单位：元

项　　目	第一季度	第二季度	第三季度	第四季度	全年合计
借入现金					
偿还借款					
支付利息（8%）					

表 6-19

交纳税金和发放股利预算

2010 年度　　单位：元

项　　目	第一季度	第二季度	第三季度	第四季度	全年合计
缴纳销售税金					
缴纳所得税					
发股利					

（9）编制现金预算。

表 6-20

现金预算表

2010 年度

单位：元

项　　目	第一季度	第二季度	第三季度	第四季度	全年合计
期初现金	25 000				
加：现金收入					
可动用现金合计					
减：采购直接材料					
支付直接人工					
支付制造费用					
支付销售及管理费用					
缴纳税金					
购置固定资产					
支付股利					
现金支出合计					
现金余缺					
借入现金					
偿还借款					
支付利息					
期末现金余额					

（10）编制预计利润表。

表 6-21

预计利润表

2010 年度

单位：元

项　　目	第一季度	第二季度	第三季度	第四季度	全年合计
销售收入					
减：变动生产成本					
变动销售及管理费用					
销售税金					
变动成本小计					
边际贡献总额					
减：固定制造费用					
固定销售及管理费用					
利息支出					
期间成本小计					
税前利润					
减：所得税					
净利润					

（11）编制预计资产负债表。

表 6-22　　资产负债表

2010 年度　　单位：元

资　　产	年初数	期末数	负债及所有者权益	年初数	年末数
流动资产			流动负债		
现金	25 000		短期借款		
应收账款	160 000		应付账款	31 400	
材料存货	24 000		负债合计		
产成品存货	36 800			31 400	
流动资产合计	241 800		股东权益		
固定资产			普通股股本	1 000 000	
土地	200 000		留存收益	114 400	
房屋及设备	800 000				
减：累计折旧	100 000				
固定资产合计	900 000		所有者权益合计	1 110 400	
资产合计	1 141 800		负债及所有者权益总计	1 141 800	

【案例 2】

山东航空集团全面预算案例

山东航空集团（以下简称山航）一直都非常重视全面预算的应用，预算管理是山航对整个企业进行管控，实现整个集团效益目标的主要方式。但手工状态下的预算管理仅仅能“事前算”，对于事中的及时控制与调整，则很难实现，这给山航实现各种经营指标带来了巨大的困难。

1. 企业背景

山航是 2000 年成立的国有大型一类航空运输企业集团。经过 10 多年的发展，公司现拥有资产 45 亿元，目前拥有波音 737-800、CRJ-700 等各型飞机 40 架，经营航线 220 多条，每周 700 多个航班飞往全国 50 多个大中城市。

2. 项目背景

山航成立之初引进了浪潮单体企业版财务软件，实现了会计电算化，这从根本上强化了会计流程中的自动控制机制，将会计人员从繁杂的手工劳动中解脱出来，提高了工作效率，使会计核算的准确性、及时性得到有效保证。但随着公司的集团化发展，新问题、新需求的不断出现，单体企业版的财务系统的不足也逐渐暴露出来，主要表现在：信息孤岛、信息披露不及时、集团监管乏力等方面。鉴于以上情况，2004 年山航引进了浪潮集团版财务系统，专项核算、往来单位核算、部门核算等功能得到了系统的运用，引进了集团内部企业的往来对账系统、合并报表系统、垂直监控系统等模块，为公司的会计核算奠定了规范、统一、集中的基础。公司又先后引进或开发了票证结算系统、配餐管理系统、不正常航班现金补偿管理系统、浪潮全面预算管理系统等。这些系统的投入使用，极大地提高了财务工作的效率和质量，尤其是全面预算管理系统的实施，加强了集团公司对企业资源的集中管理与优化，强化了对成本费用的控制，也使山航的管理体系有了长足的进步。

3. 项目选型

2005 年初，山航在综合考虑了各软件的特点和其他集团取得的经验之后，结合自身情况，决定首先实现全面预算管理的信息化，这既是山航整个战略管理的重要组成部分之一，也是实现全面信息化的第一步。

在确定了全面预算信息化意向的同时，山航也决定了选型的指导思想，即从集团管理的角度看待全面预算系统，而不是从账务系统中导出来的数据罗列和报表管理，软件系统要能体现出山航对全面预算的管理思想，软件系统的流程与功能要能支持资源的及时优化配置和对集团公司战略目标的支撑，尤其是事前预算、事中控制、事后分析，并根据预算执行情况进行绩效考核。

虽从全面预算管理入手，但山航着眼于未来集团信息化统一平台的建设，这次选型既要考虑企业现有特点及需求，能满足集团及下属企业全面预算管理的需要，能够建立全面预算管理体系优化企业的资源配置，保证集团公司总体财务目标的实现，全方位地调动各个层面员工的积极性，促进企业建立、健全内部约束机制，规范企业财务管理行为，促使企业效益最大化；又要能面向集中管理实现集团信息化统一平台建设，要求整个系统在战略上实行集中控制，整合所有资源，在战术上实行分布式经营，做到既降低经营风险，又发挥规模经济优势，协助集团实现战略性目标。

4. 建设方案

山航按照“二下二上”的预算编制流程，首先下达预算目标，各企业单位根据“一下”目标并结合自身情况编制企业“一上”预算，在预算编制过程中进行平衡检查及控制检查，检查通过后上报汇总，集团对各单位上报的预算报表进行审查，对不符合要求的预算报表，填写审批意见发回原单位进行修改，预算报表审核审批通过后，结合企业预算情况及集团经营目标制定企业的预算指标，形成“二下”指标，下达企业，企业根据“二下”指标编制“二上”预算，“二上”预算要受“二下”指标控制，并进行平衡检查，检查通过后的预算数据上报上级公司，上级公司进行审批处理，对审批通过的预算进行汇总合并形成集团公司预算，集团公司将以此为依据，在预算期内监督、控制预算的执行情况。具体流程可见图 6-1。

5. 项目实施

全面预算实施的最大风险就是人的风险，确切地说是“人员协同的风险”。山航在项目实施的过程遇到的最大障碍恰恰就在于此，山航全面预算的编制主体十分复杂，成员单位既涉及控股、非控股的子公司，又涉及非法人的独立核算单位；既涉及 B 股上市公司，又涉及内资企业；既涉及航空运输主业，又延伸到与航空业有关的飞行员、乘务员、地面

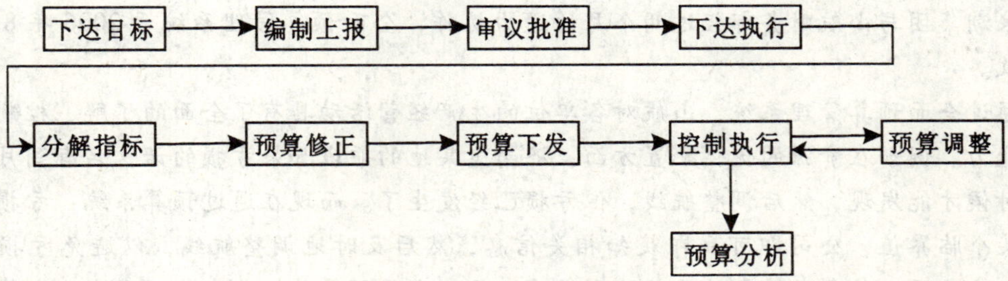

图 6-1

维修业务培训等多种行业。为能克服编制主体为实施带来的风险，山航首先根据预算体系的构成对实施进行了明确的分工。山航预算体系与实施分工构成见表6-23。

表 6-23

预算体系	预算表	编制部门
业务预算	1. 销售收入预算	销售部、货运部
	2. 生产计划预算	企业管理与证券部
	3. 人工预算	人力资源部
	4. 航材采购及维修预算	机务工程部
	5. 飞机及发动机维修预算	机务工程部
	6. 物资采购与物料消耗预算	财务部
	7. 业务成本预算	财务部
	8. 销售费用预算	销售部、货运部
	9. 管理费用预算	财务部
资本预算	10. 固定资产投资预算	财务部
	11. 权益性资本投资预算	企业管理与证券部
	12. 债券投资预算	企业管理与证券部
筹资预算	13. 筹资预算	财务部
	14. 财务费用预算	财务部
财务预算	15. 预计利润	财务部
	16. 预计资产与负债	财务部
	17. 预计现金流量	财务部

明确的分工有效降低了实施中人员协同的风险，各实施部门职责明确、目标明确，约两个月的时间就把项目实施完毕。

6. 应用成效

浪潮集团与山航财务部经过两个月的通力协作，全面预算管理系统于2006年8月成功验收。

通过全面预算管理系统，山航对各单位的生产经营活动具有了全面的了解、控制、调整的能力。例如在资源的优化配置方面：济南飞某地的航班如果亏损的话，只有到月底盘点的时候才能发现，然后调整航线，但亏损已经发生了。而现在通过预算系统，亏损只要达到某个临界值，公司即可立即获知相关信息，然后及时地调整航线，以避免亏损的发生。仅此一项山航每年避免的亏损达到上千万元。全面预算系统确实体现了企业以管理为先导，以管理为本质的思想，不是一个机械化的，而是一个动态化的系统。

通过全面预算管理系统，山航有效降低了各种成本，提高了员工经营成本、重视成本的意识，例如：发动机的报修费用，原来报修的价格从来都是送修的人员自主决定，发动机的报修价格是无控制的，但经过全面预算系统的设置与控制，送修人员根据预算的价格主动与维修方进行协调，将发动机送修的价格降了下来，为山航节约了400万元左右的维修费用，这不仅仅是一些大额的成本，还包括企业的四类日常费用：差旅、办公、通信、招待。经过全面预算系统的管理，山航在员工人数由1 700人增加到3 000人的情况下，日常费用连续三年没有增长。

通过全面预算管理系统，山航具备了信息保真的能力。集团整个预算体系的近200张表，数据从企业人工和各种物料消耗定额开始填写后，自动反映到后面的成本表，越到后面的环节系统需填写的数据就越少，最后所有数据都汇总到现金收支上来。最终形成的三张会计报表中有60% ~70%的数据都是从前面的环节中自动获取的，所以要人为“做假”就很难，这些都加强了集团的控制能力。

企业预算编制的过程就是一个企业经营行为的过程。预算系统体现了企业下一步要做的事情和企业真正的管理思想和经营行为。全面预算管理不仅是为了帮助企业省钱，防范经营风险，更重要的是通过全面预算系统可以建立对公司战略目标的实现机制，譬如：山航集团在预算系统中就加入了相当多的自动化预警的控制点，以能够更好地把握集团公司整个预算年度的经营思路和发展目标。

目前浪潮ERP-GS全面预算管理系统在山航运行稳定，实现了山航对整个生产经营活动的动态监控，加强了企业战略目标的落地能力，把企业中的各种经济活动统一到企业发展目标上来，在集团内部形成了上下一致的合力，推动着山航的高效运转。

资料来源：http：//www. topoint. com. cn/html/anli/hkht/2009/07/241977. html

要求：

(1) 根据以上资料分析企业编制全面预算的主要作用。

(2) 简述企业编制预算的主要程序。

(3) 全面预算主要包括哪些方面的内容？

学习情境七 财务控制

一、单项选择题

1. 财务控制的对象是以实现（　　）为目标的财务活动。

A. 财务预算　B. 财务分析　C. 业绩评价　D. 责任报告

2. 责任会计核算的主体是（　　）。

A. 责任中心　B. 产品成本　C. 生产部门　D. 管理部门

3. 成本中心控制和考核的内容是（　　）。

A. 目标成本　B. 责任成本　C. 产品成本　D. 直接成本

4. 通常来讲，适用于那些产出物不能用货币来计量，或投入与产出之间没有密切关系的单位的责任中心是（　　）。

A. 投资中心　B. 利润中心　C. 标准成本中心　D. 费用中心

5. 费用中心评价和考核其实际发生费用水平的依据是（　　）。

A. 费用弹性预算　B. 费用实际发生数　C. 投入产出情况　D. 销售收入水平

6. 厂部管理人员的工资对车间来讲属于（　　）。

A. 可控成本　B. 不可控成本　C. 制造成本　D. 生产成本

7. 就某一特定时期来讲，全厂的总成本与全厂责任成本的总和之间的数量关系是（　　）。

A. 不确定　B. 二者相等　C. 前者大于后者　D. 前者小于后者

8. 成本的可控性与不可控性，随条件的变化可能会发生相互转化。下列表述中，不正确的是（　　）。

A. 就一个企业而言，一定时期发生的广义产品成本总额应当等于同期发生的责任成本总额

B. 同一成本项目，对于某一成本中心来说是可控成本；而对于处在同一层次的另一成本中心来讲却是不可控成本

C. 随着时间的推移，成本的可控性还会随企业管理条件的变化而变化

D. 有些成本对于较高层次的成本中心来说属于不可控成本，而对于其下属的较低层次的成本中心来讲，可能就是可控成本

9. 具有独立或相对独立的收入和生产经营决策权，并对成本、收入和利润负责的责任中心是（　　）。

A. 成本中心　B. 利润中心　C. 投资中心　D. 预算中心

10. 产品在企业内部各责任中心之间流转，只能按内部转移价格取得收入的利润中心是（　　）。

A. 成本中心　　B. 人为利润中心　　C. 自然利润中心　　D. 投资中心

11. 下列指标中，最适合考核部门经理业绩的指标是（　　）。

A. 利润中心边际贡献总额利润　　B. 中心负责人可控利润总额
C. 利润中心可控利润总额　　D. 公司利润总额

12. 下列指标中，最适合利润中心长期需求决策及部门业绩评价的是（　　）。

A. 利润中心边际贡献总额利润　　B. 中心负责人可控利润总额
C. 利润中心可控利润总额　　D. 公司利润总额

13. 投资中心与利润中心最大的区别是（　　）。

A. 投资中心具有生产决策权　　B. 投资中心具有投资决策权
C. 投资中心拥有对外销售权　　D. 投资中心具有法人地位

14. 某投资中心的投资额为 100 000 元，企业加权平均的最低投资利润率为 18%，剩余收益为 15 000 元，则该中心的投资利润率为（　　）。

A. 15%　　B. 33%　　C. 35%　　D. 18%

15. 投资报酬率的不足之处在于（　　）。

A. 不反映盈利能力　　B. 不具有可比性
C. 缺乏全局观念　　D. 引起短期行为

16. 制定内部转移价格时，最理想的选择是（　　）。

A. 市场价格　　B. 以市场为基础的协商价格
C. 成本转移价格　　D. 双重价格

17. 协商价格的下限是（　　）。

A. 生产成本　　B. 市场价格　　C. 固定成本　　D. 单位变动成本

18. 采用双重内部转移价格时双方利润都会增加，其结果是（　　）。

A. 企业整体利润增加　　B. 企业整体利润下降
C. 企业整体利润不变　　D. 无法判断

19. 以下应该在生产部门和采购部门之间进行责任转账的费用项目是（　　）。

A. 生产部门机器老化造成的机器损失
B. 劣质材料造成的废品损失
C. 水费上涨造成的经济损失
D. 生产工人操作失误造成的废品损失

20. （　　）适用于"买"、"卖"双方发生的经常性往来业务且信誉较高的情况。

A. 内部支票结算方式　　B. 转账通知单结算方式
C. 内部货币结算方式　　D. 商业汇票结算方式

二、多项选择题

1. 实现财务控制的必要条件是（　　）。

A. 建立组织机构　　B. 建立责任会计核算体系

C. 制定奖惩制度　　D. 具有法人资格

2. 财务控制的基本原则包括（　　）。

A. 效益原则　　B. 目标管理及责任落实原则

C. 例外管理原则　　D. 降低风险原则

3. 下列属于财务控制特征的有（　　）。

A. 以作出决策为最终奋斗目标　　B. 以控制日常现金流量为主要内容

C. 以综合经济业务为控制对象　　D. 以价值形式为控制手段

4. 划分责任中心的标准包括（　　）。

A. 能明确经济责任

B. 被赋予与所承担责任的范围与大小相适应的权利

C. 能相对独立地进行业绩核算

D. 必须自负盈亏

5. 成本中心的特点包括（　　）。

A. 只对不可控成本负责　　B. 只考核成本费用，而不考核收益

C. 只对可控成本负责　　D. 控制和考核的是责任成本

6. 通常以标准成本中心作为其工作业绩的评价和考核依据的部门有（　　）。

A. 医院放射科　　B. 生产车间

C. 厂部办公室　　D. 董事会

7. 下列关于费用中心的说法，正确的有（　　）。

A. 为企业提供一定的专业服务，产出物不能以财务指标衡量的单位

B. 为企业提供一定的物质成果且能够计量产品产出的实际数量的单位

C. 适用于投入与产出有着明确的函数对应关系

D. 投入与产出之间没有密切关系的有费用发生的单位

8. 责任成本与产品成本的主要区别是（　　）。

A. 成本归集的对象　　B. 遵循的原则不同

C. 核算的内容不同　　D. 核算的目的不同

9. 下列各项中，属于自然利润中心特征的表述包括（　　）。

A. 直接面向市场　　B. 具有生产经营权

C. 对投资效果负责　　D. 对外销售产品并取得收入

10. 影响利润中心考核指标完成的主要因素有（　　）。

A. 销售价格　　B. 销售数量

C. 固定成本　　D. 变动成本

11. 下列各项中，属于投资中心特点的表述包括（　　）。

A. 是最高层次的责任中心　　B. 具有投资决策权

C. 承担最大的责任　　D. 一般不是独立法人

12. 下列属于投资中心适用范围的有（　　）。

A. 分公司　　B. 分厂

C. 修理车间　　D. 班组

13. 投资利润率可以进一步分解为三个相对数指标之和，它们包括（　　）。

A. 资本周转率　　B. 销售成本率

C. 边际贡献率　　D. 成本费用利润率

14. 影响部门剩余收益的因素有（　　）。

A. 支付股利　　B. 销售收入

C. 投资额　　D. 资金成本率

15. 作为评价投资中心业绩的指标，“剩余收益”的优点包括（　　）。

A. 具有横向可比性

B. 可以使业绩评价与企业目标保持一致

C. 能够体现投入产出关系

D. 能反映投资中心的综合盈利能力

16. 制定内部转移价格时，必须遵循（　　）。

A. 全局性原则　　B. 自主性原则

C. 激励性原则　　D. “卖方”利益最大化原则

17. 采用“双重价格”作为内部转移价格时，可能出现的情况有（　　）。

A. 卖方采用最高市价　　B. 买方按对方的单位变动成本计价

C. 买方采用最低市价　　D. 卖方按市场价格或议价计价

18. 在进行财务控制时，制定内部转移价格的作用表现在（　　）。

A. 内部分配　　B. 内部结算

C. 内部责任结转　　D. 内部分工

三、判断题

1. 企业财务控制是指利用有关信息和特定手段，对企业财务活动实施影响或调节，确保企业及其内部机构和人员全面落实和实现生产任务完成的过程。（　　）

2. 财务控制的效益原则是指财务控制所取得的收益大于其代价时，这种财务控制才是必要的、可行的。（　　）

3. 责任中心就是指具有一定的管理权限，并承担相应经济责任的独立法人。（　　）

4. 成本中心没有经营权和销售权，其工作成果一般不会形成可以用货币计量的收入。（　　）

5. 成本中心的变动成本一定是可控成本，而固定成本一定是不可控成本。（　　）

6. 就一个企业而言，一定时期发生的广义产品成本总额应当等于同期发生责任成本总额。（　　）

7. 以市场价格作为内部转移价格，就是直接将市场价格用来结算。（　　）

8. 某项会导致个别投资中心的投资利润率提高的投资，一定会使整个企业的投资利润率提高。（　　）

9. 利润中心处于责任中心的最高层次，它具有最高决策权，同时也承担最大的责任。（　　）

10. 确定双重内部转移价格可以提高企业的利润。（　　）

四、计算分析题

1. 某企业的 A 部门为利润中心，利润中心销售收入 110 万元；利润中心销售产品变动成本和变动销售费用 60 万元；利润中心负责人可控固定成本 10 万元；利润中心负责人不可控而应由中心负担的固定成本 15 万元。

要求：

（1）计算该利润中心的边际贡献总额。

（2）计算该利润中心负责人可控利润总额。

（3）计算该利润中心可控利润总额。

2. 某公司下设 A、B 两个投资中心。A 投资中心的投资额为 200 万元，投资报酬率为 15%；B 投资中心的投资报酬率为 17%，剩余收益为 20 万元。某公司要求的最低投资报酬率为 12%。该公司决定追加投资 100 万元，若投向 A 投资中心，每年可增加利润 20 万元；若投向 B 投资中心，每年可增加利润 15 万元。

要求：

（1）计算追加投资前 A 投资中心的剩余收益。

（2）计算追加投资前 B 投资中心的投资额。

（3）计算追加投资前该公司的投资报酬率。

（4）若 A 投资中心接受追加投资，计算其投资报酬率。

（5）若 B 投资中心接受追加投资，计算其投资报酬率。

（6）利用投资报酬率，分析 A、B 投资中心如何决策？

（7）利用剩余收益，分析 A、B 投资中心如何决策？

3. 假设某投资中心 2010 年资料如下：营业利润 50 000 元，销售收入 250 000 元，占用资产 200 000 元，要求：

（1）计算该投资中心的投资报酬率。

（2）假设投资中心为维持产品销售，追加投入广告费 5 000 元，其他资料不变，计算新的投资报酬率。

（3）假设投资中心投资额不变，销售收入增加 30 000 元，利润增加了 6 000 元，计算新的投资报酬率。

（4）投资中心通过改善内部管理，使存货减少了 20 000 元，收入及利润不变，计算新的投资报酬率。

（5）分析引起投资报酬率变化的原因。

五、案例分析题

【案例 1】

华龙公司的责任会计制度

华龙集团公司是一家大型企业，拥有子公司 30 余家，其中有一家股票上市公司。其生产的产品畅销国内外，出口创汇能力和产品竞争力及其国内市场占有率均居行业首位。

20世纪80年代初期曾实行厂内银行制度，按照分权管理原则在各分厂实行责任会计制度，主要采取横向组织结构，如图7-1所示。

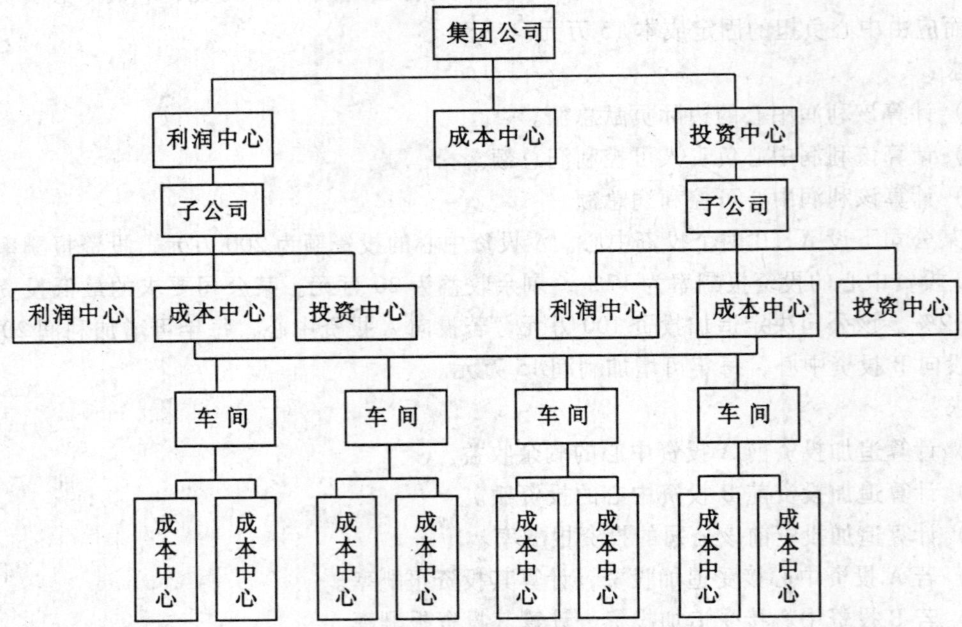

图7-1 华龙公司组织结构示意图

所属某子公司将责任成本与产品成本核算有机结合起来，以贯彻经济责任制要求。在责任成本结转上采用逐步结转法，特点是按计划单位成本或内部协商成本转账，其成本差异在各步骤间分摊调整集中在公司完成。并把各成本中心的成本差异额，在已销商品和库存商品间分配，最后按产品的计划成本构成进行成本还原。

采用此种方法其计算步骤为：

1. 各责任中心按成本项目收集其实际费用发生额，编制费用分配表

原材料、燃料、动力及工具等费用项目应按实际消耗数量和计划价格计算（亦即通常所说的计划价格成本），因为上述各项价格差异非各生产步骤所能控制，也就没有必要将价格差异结转到该责任中心。人工成本可以按实际工资计算，也可以按实际工时、计划工资率计算的“计划价格成本”计算，应该采用哪种成本，要根据工资基金和职工人数的控制权来决定。如果在责任中心实行经营者能够选择符合自己经营意图的劳动要素，提高企业经营的效果，就可以不按计划价格成本计算，而应按实际成本计算；反之，则应按计划价格成本计算。其他间接性制造费应按实际发生数汇总。

按生产费用“实际”(有一部分是计划价格成本）发生额编制的费用分配汇总表是以本期投产量为基础的，为了确定本期完工产品的“实际成本”，应将期末在产品负担的份额从各项费用分配汇总表中扣除。对于在产品成本的估价可参考传统的估价方法来进行，通常可按定额成本计算，一切成本差异都由完工产品成本负担。

各项费用分配汇总表的格式与一般生产费用分配表相同，只是不进行价格差异调整。现举曙光分厂第一车间“材料费用分配汇总表”为例，见表7-1，其他车间的各种费用分配表不再列示。

表7-1　　曙光分厂第一车间材料分配汇总表　　单位：元

材料名称	单位	单价	产品甲（3 800台）		产品乙（4 000台）		产品丙（400台）		合计	
			消耗量	金额	消耗量	金额	消耗量	金额	消耗量	金额
A	千克	0.2	1 400 000	280 000	1 760 000	352 000	1 065 000	213 000	4 225 000	845 000
B	千克	0.1	916 000	91 600	1 320 000	132 000	1 200 000	120 000	3 436 000	343 600
C	千克	0.9	460 000	41 400	42 000	37 800	48 000	43 200	136 000	122 400
D	千克	0.8	20 000	16 000	21 200	16 960	18 000	14 400	59 200	47 360
E				84 000		176 000		115 460		375 460
合计				513 000		714 760		506 060		1 733 820
在产品成本				335 925		101 880		14 528		150 000
结转完工产品成本				479 408		612 880		491 532		1 583 820

2. 编制各费用项目的计划成本计算表

本表反映以实际产量为基础计算的计划成本或绩效预算成本，亦即厂部下达的成本控制指标。

各费用项目计划成本可按下列公式进行计算：

直接材料计划成本 = $\sum$（计划单价 × 各种材料的消耗定额 × 实际产量）

直接人工计划成本 = 计划小时工资率×产品工时定额×实际产量 = 计划单价×实际产量

例如第一车间直接材料计划成本计算表，如表7-2所示：

表7-2　　曙光分厂第一车间直接材料消耗计划成本表　　单位：元

材料名称	甲产品（3 800台）			乙产品（4 000台）			丙产品（400台）			合计	
	单台成本	消耗定额	总金额	单台成本	消耗定额	总金额	单台成本	消耗定额	总金额	消耗总量	计划成本
A	72.00	360	273 600	80.00	400	320 000	616.00	3 080	246 400	4 200 000	840 000
B	24.00	240	91 000	31.00	300	120 000	272.00	2 772	108 800	3 200 000	320 000
C	10.80	12	41 000	9.00	10	36 000	77.40	86	30 960	120 000	108 000

续表

材料名称	甲产品（3 800 台）			乙产品（4 000 台）			丙产品（400 台）			合计	
	单台成本	消耗定额	总金额	单台成本	消耗定额	总金额	单台成本	消耗定额	总金额	消耗总量	计划成本
D	4.00	5	15 000	4.00	5	16 000	42.00	52.5	16 800	60 000	48 000
E	22.00		83 600	40.00		160 000	291.00		116 400		360 000
计划成本合计	132.80		504 640	164.00		652 000	1 298.40		519 360		1 676 000
完工产品合计			479 408			612 880			491 532		1 583 820
成本节约额			25 232			39 120			27 828		79 180

本表各种材料的消耗定额应与成本计划保持一致，材料单价和单台金额都应与成本计划相同，只是各种产品的计划成本是按实际产量计算的。成本节约额是计划价格成本与计划成本的差额，亦即根据本表所计算的计划成本与“材料分配汇总表”所结转的产成品的计划价格成本来确定。

曙光分厂第一车间直接人工计划成本计算表如表 7-3 所示。

表 7-3　　曙光分厂第一车间直接人工计划成本计算表　　单位：元

产班组	甲产品（3 800 台）		乙产品（4 000 台）		丙产品（400 台）	
	工时定额	计划总工时	工时定额	计划总工时	工时定额	计划总工时
一	10	38 000	15	60 000	10	4 000
二	20	76 000	20	80 000	15	6 000
三	25	95 000	25	100 000	20	8 000
四	30	114 000	30	120 000	15	6 000
合计	85	323 000	90	360 000	60	24 000
计划工资率	0.4					
计划工资		129 200		144 000		9 600
实际工资		121 448		135 360		9 024
工资节约额		7 752		8 640		576

本表上半部分是根据工时定额和实际产量表计算的计划总工时，并按计划小时工资率

计算出计划工资总额，此项计划工资总额应和厂部（公司）下达的控制指标一致（控制指标应按产品单位工资含量确定）。实际工资应根据“实际工资汇总表”转入，在各种产品之间的分配可按定额工时比例进行。计划工资与实际工资的差额即为工资节约额，既包括效率差异（工时差），也包括责任中心的工资支付差异。

曙光分厂第一车间的其他直接费用（如燃料、动力费用等）的计划成本计算表如表7-4所示。

表7-4　曙光分厂第一车间燃料动力等其他直接费用计划成本计算表　单位：元

项　目	甲产品（3 800台）		乙产品（4 000台）		丙产品（400台）		合　计	
	消耗定额	单位定额成本	消耗定额	单位定额成本	消耗定额	单位定额成本	消耗定额	定额总成本
原煤（T）		4.80		6.00		3.20		43 520
电（KWH）		2.40		3.00	0.08	2.40	1 088	22 080
专用工具费		0.20	150	0.40		0.20		2 440
专用模具费		0.60	50	0.60	40	0.20	368 000	4 760
单位成本		8.00		10.00		6.00		
计划总成本		30 400		40 000		2 400		72 800
实际总成本		29 184		38 400		2 304		69 888
成本节约额		1 216		1 600		96		2 912

本表上半部分需要根据消耗定额和计划单价计算其他直接费用的单位定额成本，然后综合表中各项费用的单位定额成本得到计划单位成本，再分别乘以产品产量，即得此类费用的计划总成本。实际总成本可以根据实际消耗量的计划价格成本来计算，在各种产品之间则按计划总成本的比例进行分配。

其他间接制造费用按照弹性预算的编制方法编制绩效预算，也就是根据各项费用的固定费用预算和单台变动费率（如果变动费率是按工时确定的，应折合为单台计算）乘以实际完成的产量求得的各项费用的变动费。把固定费用预算和变动费用预算相加即为各种产品的绩效预算。第一车间其他间接费用绩效预算表如表7-5所示：

表7-5　曙光分厂第一车间其他间接费用绩效预算计算表　单位：元

费用项目	弹性预算		甲产品(3 800台)		乙产品(4 000台)		丙产品(400台)		合　计	
	固定费用	变动费/台	固定费预算	变动费预算	固定费预算	变动费预算	固定费预算	变动费预算	固定费预算	变动费预算
机物料消耗	20 000	1.5	8 000	5 700	8 000	6 000	4 000	600	20 000	12 300
维护修理费	32 000	2.00	12 000	7 600	14 000	8 000	6 000	800	32 000	16 400

续表

费用项目	弹性预算		甲产品(3 800 台)		乙产品(4 000 台)		丙产品(400 台)		合　计	
	固定费用	变动费/台	固定费预算	变动费预算	固定费预算	变动费预算	固定费预算	变动费预算	固定费预算	变动费预算
水电费	6 000	0.20	2 400	760	2 400	800	1 200	80	6 000	1 640
低值易耗品	18 000	1.60	7 200	6 080	7 200	6 400	3 600	640	18 000	13 120
劳动保护费	28 000	0.25	11 200	950	12 000	1 000	4 800	100	28 000	2 050
技术措施费	30 000	0.10	12 000	380	12 000	400	6 000	40	30 000	820
运输费	2 400	0.15	1 000	570	1 000	600	400	60	2 400	1 230
折旧费	120 000		50 000		50 000		20 000		120 000	
保险费	72 000		30 000		30 000		12 000		72 000	
其他	27 000		12 000		12 000		3 000		27 000	
合计	355 400	5.80	145 800	22 040	148 600		61 000	2 320	355 400	47 560
绩效预算合计			167 840		171 800		63 320		402 960	
实际总费用			159 448		163 210		60 154		382 812	
费用节约额			8 392		8 590		3 166		20 148	

其他间接费绩效预算应按费用项目和实际发生的费用比较分配，衡量费用的偏差，并寻求超支或节约的原因及节约开支的途径。至于在各种产品之间的比较，由于各种产品的实际总费用是按照绩效预算的比例分配的，分析或考核并没有多大意义。进行这种分配只是为了满足产品成本管理的要求。

3. 编制责任成本报告

为了汇总各责任中心各项生产费用，以便综合考核其业绩，并按产品分别进行成本结转，各责任中心还应定期编制成本报告表（按计划成本）并结转本单位的成本差异。曙光分厂第一车间成本报告如表 7-6 所示：

表 7-6　　曙光分厂第一车间责任成本报告　　单位：元

成本项目	甲产品（3 800 台）		乙产品（4 000 台）		丙产品（400 台）		成本合计		
	计划成本	计划价格成本	计划成本	计划价格成本	计划成本	计划价格成本	计划成本	计划价格成本	成本节约额
直接材料	504 640	479 408	652 000	612 880	519 360	491 532	1 676 000	1 583 820	92 180
直接人工	129 000	121 448	144 000	135 360	9 600	9 024	282 800	265 832	16 968

续表

成本项目	甲产品（3 800 台）		乙产品（4 000 台）		丙产品（400 台）		成本合计		
	计划成本	计划价格成本	计划成本	计划价格成本	计划成本	计划价格成本	计划成本	计划价格成本	成本节约额
变动制造费	30 400	29 184	40 000	38 400	2 400	2 304	72 800	69 888	2 912
固定制造费	167 840	159 448	171 800	163 210	63 320	60 154	402 960	382 812	20 148
合　计	832 080	789 488	1 007 800	949 850	594 680	563 014	2 434 560	2 302 352	132 208
成本节约额		42 592		57 950		31 666			132 208
产品单位成本	218.97	207.76	251.95	237.46	1 486.70	1 407.54			
单位成本节约		11.21		14.49		79.16			

4. 计算产成品的实际成本

经过产成品成本还原之后，厂部（公司）即可据以编制产成品成本汇总表，并按各责任中心所编报的成本差异对产品的计划成本进行调整，据此可以求得各种产品的实际成本。为了计算产成品的成本差异率，还应根据月初产成品（库存）的计划成本和产品成本差异与本期产成品计划成本和成本差异计算产品成本差异率，以便调整销售产品成本和库存产成品的成本。

资料来源：吴大军，东北财经大学，国家级精品课程网站

要求：

（1）结合上述资料，讨论建立责任会计制度应遵循哪些原则？

（2）该集团公司的责任中心与子公司的责任中心有何区别？

（3）集团公司建立责任会计制度有何意义？

学习情境八 财务分析

一、单项选择题

1. 所有者在进行企业的财务分析时最关注的是（　　）。
   A. 企业的支付能力　　B. 企业的发展能力
   C. 投资的回报率　　D. 企业社会贡献的多少
2. 可用于企业财务状况趋势分析的方法为（　　）。
   A. 比较分析法　　B. 比率分析法
   C. 综合评分法　　D. 杜邦分析法
3. 关于因素分析法下列说法不正确的是（　　）。
   A. 在使用因素分析法时要注意因素替代的顺序性
   B. 使用因素分析法分析某一因素对分析指标的影响时，假定其他因素都不变
   C. 因素分析法包括连环替代法和差额分析法
   D. 不管顺序如何，因素分析法的计算结果都是相同的
4. 企业短期债权人（如赊销商）更加关心企业（　　）。
   A. 资产的流动性　　B. 收益的稳定性
   C. 资产负债率　　D. 债务结构
5. 下列各项中，不会影响流动比率的业务是（　　）。
   A. 用现金购买短期债券　　B. 用现金购买固定资产
   C. 接受投资者的追加投资　　D. 从银行取得长期借款
6. 下列项目中，不属于速动资产项目的是（　　）。
   A. 现金　　B. 应收账款
   C. 交易性金融资产　　D. 存货
7. 影响速动比率可信性的最主要因素是（　　）。
   A. 存货的变现能力　　B. 交易性金融资产的变现能力
   C. 固定资产的变现能力　　D. 应收账款的变现能力
8. 衡量企业偿还到期债务能力的直接标志是（　　）。
   A. 有足够的存货　　B. 有足够的流动资产
   C. 有足够的应收账款　　D. 有足够的现金
9. 较高的现金流动负债比率一方面会使企业资产的流动性较强，另一方面也会带来（　　）。

A. 存货购进的减少　　　　　　　　B. 销售机会的丧失

C. 利息的增加　　　　　　　　　　D. 机会成本的增加

10. 与产权比率比较，资产负债率评价企业偿债能力的侧重点是（　）。

A. 揭示财务结构的稳健程度

B. 揭示债务偿付安全性的物质保障程度

C. 提示主权资本对偿债风险的承受能力

D. 揭示负债与资本的对应关系

11. 下列各项中，可能导致企业资产负债率变化的经济业务是（　）。

A. 收回应收账款

B. 用现金购买债券

C. 接受所有者投资转入的固定资产

D. 以固定资产对外投资（账面价值=公允价值）

12. 产权比率与权益乘数的关系是（　）。

A. 产权比率×权益乘数=1

B. 权益乘数=1/（1-产权比率）

C. 权益乘数=（1+产权比率）/产权比率

D. 权益乘数=1+产权比率

13. 关于已获利息倍数的说法错误的是（　）。

A. 已获利息倍数不仅反映了获利能力而且反映了获利能力对偿还到期债务的保证程度

B. 已获利息倍数分子等于税前利润加利息支出

C. 已获利息倍数是衡量企业短期偿债能力的指标

D. 从稳健的角度出发，在进行已获利息倍数指标的同行业比较分析时，应以本企业该指标最低的年度数据作为分析依据

14. 对应收账款周转速度的表达中，正确的是（　）。

A. 应收账款周转天数越长，周转速度越快

B. 计算应收账款周转率时，应收账款余额不应包括应收票据

C. 计算应收账款周转率时，应使用应收账款净额

D. 应收账款周转率越小，表明周转速度越快

15. 当在企业总资产周转率为 2 次时，会引起该指标下降的经济业务是（　）。

A. 销售商品取得收入　　　　　　B. 借入一笔短期借款

C. 用银行存款购入一台设备　　　D. 用银行存款支付材料款

16. 在收付实现制的基础上，充分反映出企业当期净利润中有多少是有现金保障的是（　）。

A. 利息保障倍数　　　　　　　　B. 现金流量债务比

C. 每股收益　　　　　　　　　　D. 盈余现金保障倍数

17. 下列各项展开式中不等于每股收益的是（　）。

A. 总资产收益率×平均每股净资产

B. 股东权益收益率×平均每股净资产

C. 总资产收益率×权益乘数×平均每股净资产

D. 销售净利润率×总资产周转率×权益乘数×平均每股净资产

18. 下列说法中错误的是（　　）。

A. 净资产收益率=总资产净利率×权益乘数

B. 净资产收益率=主营业务净利率×总资产周转率×权益乘数

C. 权益乘数=1+产权比率

D. 权益乘数=1-资产负债率

19. 设计资本积累率用来评价企业发展能力，体现了（　　）。

A. 资本积累约束　　B. 资金时间价值原则

C. 投资与收益对等原则　　D. 分配与积累并重原则

20. 下列说法中正确的是（　　）。

A. 速动比率很低的企业，其流动负债到期一定不能偿还

B. 产权比率越低越能够发挥负债的财务杠杆效应

C. 采用因素分析法时，当有若干因素对分析对象发生影响作用时，应假定其他各个因素都无变化

D. 固定资产周转率计算公式分母上使用的是平均固定资产原值

21. 属于综合财务分析法的有（　　）。

A. 比率分析法　　B. 比较分析法

C. 杜邦分析法　　D. 趋势分析法

22. 杜邦分析法主要用于（　　）。

A. 变现能力分析　　B. 资产管理能力分析

C. 财务状况综合分析　　D. 长期偿债能力分析

23. 运用杜邦体系进行财务分析的核心指标是（　　）。

A. 净资产收益率　　B. 资产利润率

C. 销售利润率　　D. 总资产周转率

二、多项选择题

1. 财务分析主要以（　　）为依据，采用一系列专门的分析技术和方法，对企业的财务状况和经营成果进行评价和剖析。

A. 会计信息　B. 业务信息　C. 计划信息　D. 预算信息

2. 财务分析既是对已完成的财务活动的总结，又是财务预测的前提，在财务管理的循环中起着承上启下的作用。下列属于财务分析目的的有（　　）。

A. 是财务预测、决策与计划的基础和重要依据

B. 可以提供解决问题的现成方法

C. 对企业过去的财务状况和经营成果进行总结性分析和评价

D. 是挖掘潜力、改进工作、实现财务管理目标的重要手段

3. 比较分析法是指将两个或几个相关的同质指标进行比较，从中揭示出差异，并鉴

别优劣的一种分析方法，可以是（ ）之间的比较。

A. 本期与前期比　　B. 本企业与同行业比

C. 实际与预算比　　D. 预算与前期比

4. 下列各项中属于相关比率指标的是（ ）。

A. 流动资产占总资产的比率　　B. 流动比率

C. 速动比率　　D. 成本利润率

5. 采用因素分析法应当注意的问题包括（ ）。

A. 因素分解的关联性　　B. 因素替代的顺序性

C. 顺序替代的连环性　　D. 计算结果的假定性

6. 财务分析的内容包括（ ）。

A. 偿债能力分析　　B. 营运能力分析

C. 盈利能力分析　　D. 发展能力分析

7. 如果企业的流动比率很高，可能是由于（ ）情况引起的。

A. 存货周转期过长　　B. 现金闲置

C. 企业的流动资产占用较多　　D. 应收账款周转过快

8. 影响速动比率的因素有（ ）。

A. 应收账款　　B. 存货　　C. 短期借款　　D. 预付账款

9. 下列各项中（ ）能反映企业的长期偿债能力。

A. 资产负债率　　B. 流动比率　　C. 已获利息倍数　　D. 速动比率

10. 下列说法正确的是（ ）。

A. 出于稳健原则的考虑，资本负债率中的负债既包括短期债务也包括长期债务

B. 产权比率反映企业所有者权益对债权人权益的保障程度

C. 资产负债率侧重于揭示财务结构的稳健程度

D. 资产负债率侧重于分析债务偿付安全性的物质保障程度

11. 资产负债率，对其正确的评价有（ ）。

A. 从债权人角度看，负债比率越大越好

B. 从债权人角度看，负债比率越小越好

C. 从股东角度看，负债比率越高越好

D. 从股东角度看，当全部资本利润率高于债务利息率时，负债比率越高越好

12. 已获利息倍数指标反映的企业财务层面包括（ ）。

A. 获利能力　　B. 长期偿债能力　　C. 短期偿债能力　　D. 发展能力

13. 分析企业营运能力的指标有（ ）。

A. 存货周转率　　B. 流动资产周转率

C. 应收账款周转率　　D. 资产净利润率

14. 应收账款的周转率越高，则（ ）。

A. 应收账款收回速度快　　B. 应收账款周转天数越短

C. 应收账款占用资金少　　D. 短期偿债能力越强

15. 对固定资产周转率的表述，正确的有（ ）。

A. 在销售收入净额一定的情况下，固定资产平均占用额越高，固定资产周转率越快

B. 如果企业资产总额及其构成都保持不变，则流动资产周转率越高，固定资产周转率越高

C. 固定资产平均占用额越低，销售收入净额越高，固定资产周转率越高

D. 流动资产周转率越高，则固定资产周转率越低

16. 反映企业盈利能力大小的指标有（　　）。

A. 股利支付率　B. 流动比率　C. 净资产收益率　D. 销售净利率

17. 提高主营业务净利率的途径主要包括（　　）。

A. 扩大主营业务收入　B. 减少主营业务收入

C. 降低成本费用　D. 提高成本费用

18. 下列分析方法中，属于财务综合分析方法的是（　　）。

A. 趋势分析法　B. 杜邦分析法

C. 沃尔比重分析法　D. 因素分析法

19. 一个健全有效的综合财务指标体系应具备的条件有（　　）。

A. 指标要素齐全适当

B. 指标计算简便合理

C. 主辅指标功能匹配

D. 指标满足多方信息需要

20. 由杜邦分析体系可知，提高资产净利润率的途径有（　　）。

A. 加强负债管理，提高资产负债率

B. 增加资产流动性，提高流动比率

C. 加强销售管理，提高销售利润率

D. 加强资产管理，提高资产周转率

三、判断题

1. 企业的债权人往往比较关注企业资本的保值和增值状况。（　　）

2. 采用比率分析法时必须注意对比项目的相关性。（　　）

3. 流动比率较高时说明企业有足够的现金或存款用来偿债。（　　）

4. 存货周转率（次数）越多，说明存货周转越快，在主营业务成本不变的情况下，存货的资金占用水平越高。（　　）

5. 如果已获利息倍数低于1，则企业一定无法支付到期利息。（　　）

6. 现金流动负债比表明用现金偿还短期债务的能力，企业应尽量使其大于或等于1。（　　）

7. 权益乘数的高低取决于企业的资本结构，负债比重越高权益乘数越低，财务风险越大。（　　）

8. 资产负债率与产权比率的乘积等于1。（　　）

9. 当企业息税前资金利润率高于借入资金利率时，增加借入资金，可以提高自有资

金利润率。(　　)

10. 既是企业盈利能力指标的核心，也是整个财务指标体系的核心的指标是净资产收益率。(　　)

11. 一般来说，市盈率高，说明投资者对该公司的发展前景看好，愿意出较高的价格购买该公司的股票，但是市盈率也不能说越高越好。(　　)

12. 企业进行财务分析时不能仅凭某一项或者某几项指标便下结论，必须将各项指标综合权衡。(　　)

四、计算分析题

1. A 公司去年的销售净利率为 5.73%，资产周转率为 2.17，今年的销售净利率为 4.88%，资产周转率为 2.88，若两年的资产负债率都为 50%。

要求：

（1）计算今年的权益净利率。

（2）计算去年的权益净利率。

（3）今年的权益净利率与去年相比，其变化趋势是什么？

2. C 公司为上市公司，2010 年股东权益总额 60 000 万元，净利润额为 8 000 万元，没有优先股，发行在外的普通股数为 2 000 万股，年底每股市价 50 元，当年分配股利总额为 2 400 万元。

要求：计算公司 2010 年度的下列财务指标

（1）每股盈余；

（2）市盈率；

（3）每股股利；

（4）每股净资产。

3. 某企业上年主营业务收入净额为 6 900 万元，全部资产平均余额为 2 760 万元，流动资产为 1 104 万元；本年主营业务收入净额为 7 938 万元，全部资产平均余额为 2 940 万元，流动资产为 1 323 万元。

要求：

（1）计算上年与本年的全部资产周转率、流动资产周转率和资产结构比率（流动资产占全部资产比率）。

（2）运用差额分析法计算流动资产周转率和资产结构比率变动对全部资产周转率的影响。

4. 某公司流动资产由速动资产和存货构成，年初存货为 145 万元，年初应收账款为 125 万元，年末流动比率为 3，年末速动比率为 1.5，存货周转率为 4 次，年末流动资产余额为 270 万元。一年按 360 天计算。

要求：

（1）计算公司流动负债年末余额。

（2）计算公司存货年末余额和年平均余额。

（3）计算公司本年销货成本。

（4）假定本年赊销净额为960万元，应收账款以外的其他速动资产忽略不计，计算公司应收账款周转期。

5. A公司年末资产负债表见表8-1。该公司的年末流动比率为2；产权比率为0.7；以销售额和年末存货计算的存货周转率14次，以销售成本和年末存货计算的存货周转率为10次；本年销售毛利额为40 000元。

表8-1　　资产负债表　　单为：元

资　　产		负债及所有者权益	
货币资金	5 000	应付账款	
应收账款净额		应交税金	7 500
存货		长期负债	
固定资产净额	50 000	实收资本	60 000
		未分配利润	
合计	85 000	合计	

要求：利用资产负债表中已有的数据和以上已知资料计算表中空缺的项目金额。

6. B公司2010年度财务报表的主要资料见表8-2、表8-3。

表8-2　　资产负债表
2010年12月31日　　单位：万元

资　　产		负债及所有者权益	
现金（年初764）	310	应付账款	516
应收账款（年初1 156）	1 344	应付票据	336
存货（年初700）	966	其他流动负债	468
流动资产合计	2 620	流动负债合计	1 320
固定资产净额（年初1 170）	1 170	长期负债	1 026
		实收资本	1 444
资产总额（年初3 790）	3 790	负债及所有者权益	3 790

表8-3　　损 益 表
2010年度　　单位：万元

销售收入	6 430
销售成本	5 570
毛利	860
管理费用	580
利息费用	98
税前利润	182
所得税	72
净利	110

要求：

(1) 计算该公司财务比率（天数计算结果取整）并填列表8-4。

(2) 与行业平均财务比率比较，说明该公司经营管理可能存在的问题。

表8-4 **公司财务比率表**

比率名称	本 公 司	行业平均数
流动比率		1.98
资产负债率		62%
已获利息倍数		3.8
存货周转率		6次
平均收现期		35天
固定资产周转率（销售收入/平均固定资产净额）		13次
总资产周转率		3次
销售净利率		1.3%
资产净利率		3.4%
权益净利率		8.3%

7. D公司有关财务资料见表8-5。

表8-5 **D公司财务资料**

项　　目	期初数	期末数	本期数或平均数
存货	2 400万元	3 200万元	
流动负债	2 000万元	3 000万元	
速动比率		0.8	
流动比率		1.8	
总资产周转次数			1.5
总资产			12 000万元

该公司流动资产等于速动资产加存货。

要求：

(1) 计算公司流动资产的期初数与期末数。

(2) 计算公司本期销售收入。

(3) 计算公司本期流动资产平均余额和流动资产周转次数（计算结果保留两位小数）。

8. A公司2010年12月31日资产负债简表见表8-6所示。

表 8-6　　A公司资产负债表

2010年12月31日　　单位：元

资　产	金　额	负债及所有者权益	金　额
货币资产	25 000	流动负债	——
应收账款净额	——	长期负债	——
存货	——	所有者权益	240 000
固定资产净额	294 000		
资产总计	——	负债及所有者权益合计	——

已知：A公司2010年产品成本为315 000元，存货周转次数为4.5次；年末流动比率为1.5；产权比率为0.8，期初存货等于期末存货。

要求：根据上述资料计算A公司2010年12月31日资产负债表简表的下列项目的期末余额：

（1）资产总额；

（2）存货；

（3）应收账款净额；

（4）流动负债；

（5）长期负债。

9. 某公司2010年度有关财务资料如下：

（1）简略资产负债表见表8-7。

表 8-7　　资产负债表

2010年12月31日　　单位：万元

资　产	年初数	年末数	负债及所有者权益	年初数	年末数
现金及有价证券	51	65	负债总额	74	134
应收账款	23	28	所有者权益总额	168	173
存货	16	19			
其他流动资产	21	14			
长期资产	131	181			
资　产	242	307	负债及所有者权益	242	307

（2）其他资料如下：2010年实现主营业务收入净额400万元，销售成本260万元，管理费用54万元，销售费用6万元，财务费用18万元，其他收益8万元，所得税率为30%。

（3）2009年有关财务指标如下：主营业务净利率11%，总资产周转率1.5，权益乘数 1.4。

要求：

（1）计算 2009 年该公司的净资产收益率。

（2）采用连环替代法分析 2009 年净资产收益率指标变动的具体原因。

10. 某公司近三年的主要财务数据和财务比率见表 8-8。

表 8-8　　财务数据和财务比率

	2008 年	2009 年	2010 年
销售额（万元）	4 000	4 300	3 800
总资产（万元）	1 430	1 560	1 695
普通股（万元）	100	100	100
保留盈余（万元）	500	550	550
所有者权益合计	600	650	650
流动比率	1.19	1.25	1.20
平均收现期（天）	18	22	27
存货周转率	8.0	7.5	5.5
债务/所有者权益	1.38	1.40	1.61
长期债务/所有者权益	0.5	0.46	0.46
销售毛利率	20.0%	16.3%	13.2%
销售净利率	7.5%	4.7%	2.6%
总资产周转率	2.80	2.76	2.24
总资产净利率	21%	13%	6%

假设该公司没有营业外收支和投资收益，所得税率不变。

根据上述资料，请分析讨论以下问题：

（1）分析说明该公司运用资产获利能力的变化及其原因。

（2）分析说明该公司资产、负债和所有者权益的变化及其原因。

（3）假如你是该公司的财务经理，在 2010 年应从哪些方面改善公司的财务状况和经营业绩？

五、案例分析题

【案例 1】

Y 公司财务方案分析

以下是 Y 公司张总经理与财务负责人谢经理在 2010 年 7 月 1 日的一段对话记录：

张总经理："谢经理，公司近期经营情况不错，产销率呈上升趋势，根据市场营销部提供的营销报表，本年上半年销售量比上年同期上升了近40%，营业收入上升了30%，另外，各车间提供的成本资料显示，成本控制也取得了一定成效，可比产品单位成本较上年同期下降了3%。根据这种情况，我与生产副总经理和营销副总经理商议，计划在下半年适当扩大生产能力和生产规模，但我们知道目前公司的资金比较紧张，因此，你这几天到银行再协调一下，看能否再贷一笔款项解决一下目前的资金压力。"

谢经理："张总，我不否认目前的销售状况有所好转，但从财务报表情况看，我建议还要慎重考虑贷款问题。"谢经理在发表该意见的同时，将报表交予张总，并就报表项目作了必要说明。

该公司财务报表数据摘要见表8-9、表8-10。

表8-9　利　润　表　单位：万元

项　目	2009年1—6月	2010年1—6月
主营营业收入	2 540	3 520
主营营业成本	1 770	2 350
主营营业税金及附加	114	158
主营业务利润	656	1 012
营业费用	75	281
财务费用	56	64
管理费用	128	135
营业利润	397	532

表8-10　资产负债表　单位：万元

资产	2009-12-31	2010-6-30	负债及权益	2009-12-31	2010-6-30
现金	80	40	短期借款	150	150
短期投资	20	20	应付账款	42	38
应收账款	300	680	应付工资	12	18
减：坏账准备	10	30	应交税金	16	24
应收账款净额	290	650	一年内到期的长期借款	380	420
存货	200	150	流动负债合计	600	650
预付费用	30	24	长期借款	250	210
流动资产合计	620	884	负债合计	850	860
固定资产净值	830	780	实收资本	600	600
在建工程	300	300	资本公积	120	160
无形资产（土地使用权）	50	50	盈余公积	150	185
			未分配利润	80	419
			股东权益合计	950	1 364
资产总计	1 800	2 014	负债及权益总计	1 800	2 014

如果你是该公司财务负责人，是否会同意张总经理的提议？为什么？

【案例 2】

J 公司财务分析及运用

J 公司是一家从事产品生产的企业，2010 年主要财务指标见表 8-11。

表 8-11　　2010 年主要财务指标

	1	2	3	4	5	6	7	8	9	10	11	12	平均
流动比率	2.2	2.3	2.4	2.2	2	1.9	1.8	1.9	2	2.1	2.2	2.2	2.1
速动比率	0.7	0.8	0.9	1	1.1	1.2	1.2	1.2	1.1	1	0.9	0.8	0.98
资产负债率（%）	52	55	60	55	53	50	42	45	46	48	50	52	51
资产净利率（%）	4	6	8	13	15	16	18	16	10	6	4	2	10
销售净利率（%）	7	8	8	9	10	11	12	11	10	8	8	7	9

（1）该公司流动比率和速动比率月平均为 2.1 和 0.98，说明该公司资金周转灵活，资产流动性好，生产经营效率高。

（2）流动比率和速动比率的不同是由存货引起的。该公司产品销售季节性强，第 2、3 季为旺季，第 1、4 季为淡季。为迎接旺季来临，淡季里提前几个月就开始生产制造了大批存货。

（3）资产净利率的大幅波动和相对稳定的销售净利率说明淡季资产周转率低，生产规模变小，或者有闲置资产。

流动比率与速动比率的差异见图 8-1。

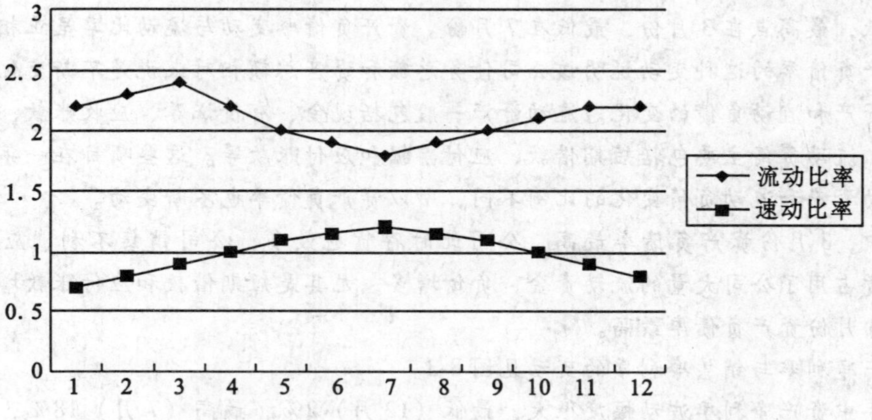

图 8-1

产生差异的原因有：

(1) 存货。该公司产品销售季节性比较明显，夏季销量上升，库存减少，冬季库存增加。为应付销售高峰的来临，该公司于淡季增加库存，所以该公司的流动比率与速动比率的变动趋势才会产生差异。旺季速动比率高，淡季流动比率高。

(2) 预付款。旺季原材料紧缺，为保持原材料的稳定来源，购买材料的预付款增多。

消除差异方法包括：

(1) 消除差异最有效的办法就是减少存货，建立需求导向的管理体制，例如即时采购、即时送货，实现“零库存”，但需冒产品短缺的风险。

(2) 建立稳定的供货渠道，或者产品链向下延伸，减少预付款。

资产负债率的变动见图 8-2。

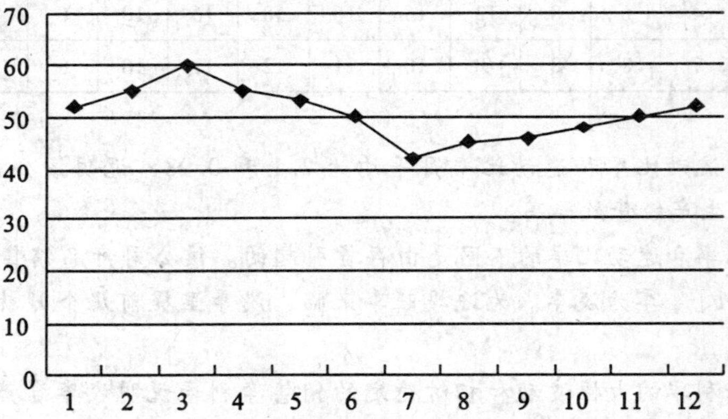

图 8-2

图中资产负债率从 1 月至 12 月呈不断变化趋势，1—5 月及 12 月相对较高，6—11 月相对较低，最高点在 3 月份，最低在 7 月份。资产负债率变动与流动比率呈正相关关系。

资产负债率的这种变动说明该公司债务总额和资产总额相对来说是不断变化的，特别是流动资产和流动负债的变化。流动资产一般包括现金、有价证券、应收账款、存货及预付款等。流动负债主要包括短期借款、应付票据和应付账款等。这些项目在一年内不断变化，流动资产和流动负债变化的比例不同，所以资产负债率也不断变动。

其中，3 月份资产负债率最高，公司此时存货也最多，公司销售不利，应收账款增多。存货占用了公司大量的流动资金，负债增多，尤其是短期借款和应付账款增多，所以该公司 3 月份资产负债率最高。

资产净利率与销售净利率的变动见图 8-3。

全年中资产净利率波动幅度很大，最低（12 月）2%，最高（7 月）18%，4、5、6、7、8 月份资产净利率相对高出其他月份很多；全年的销售净利率波动幅度相对不大，相差仅 5 个百分点，最低（1、12 月）7%，最高（7 月）12%。总体来讲，二者变动趋势

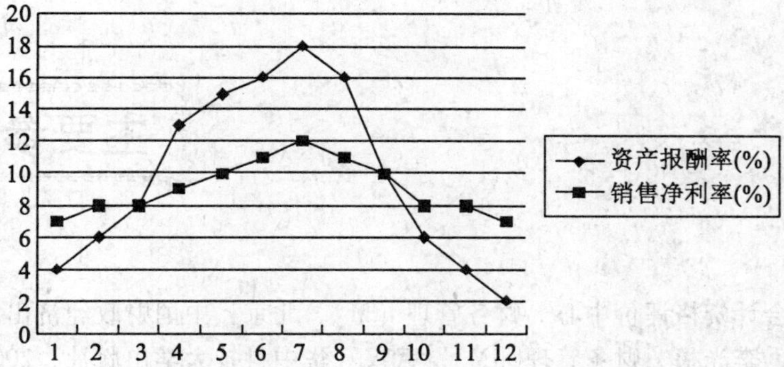

图 8-3

相同，反映了企业的获力能力旺季高，淡季低。

但是两者变动程度不完全一致，主要原因为：资产净利率不仅与销售净利率有关，而且与资产周转率有关，二者相互依赖。由于该公司产品具有比较明显的季节性，旺季时（夏季）销售收入大幅增加，资产周转率提高，从而使资产净利率相应提高。而该公司产品的销售利润率受销售季节影响小，虽然销售数量减少，但价格变化不大。

通过公司的各项财务数据和财务指标不仅能分析公司的生产经营状况，还可以发现其在筹资和投资方面的特点，找出其中的问题。

（1）公司在筹资方面要注意的问题。J公司全年各月的流动比率平均为2.1，速动比率平均是0.98，说明该公司目前财务状况比较稳健。同时，由于该公司产品销售旺季时资产净利率和销售净利率都很高，所以可适当增加负债比例，充分发挥财务杠杆的作用。

（2）公司应采取的筹资方式。该公司生产经营性质为周期性的，所以应该依靠短期融资来解决生产高峰期间资金短缺问题，银行短期借款相对来讲成本较低，所以应该以银行短期借款为主要筹资渠道。如果公司不能从银行融通到短期资金，则应考虑股权融资，但会稀释每股净收益。当然，也可以向银行申请长期资金贷款，增加固定资产投资，于旺季时扩大生产规模，赚取更多收益。

在实践中，分析一个企业的筹资和投资决策时，要注意的问题很多，应特别注意多种因素综合考虑，不仅包括财务信息，还要注重非财务信息。

请根据上述资料，分析讨论以下问题：

（1）财务分析有哪些方面的作用？

（2）本例主要涉及财务分析哪些方面的内容？

（3）本案例中，相关分析指标如何结合运用，揭示财务状况？

主要参考文献

1. 财政部会计资格评价中心 . 财务管理 [M]. 北京：中国财政经济出版社，2010.
2. 杨春甫，李光福 . 财务管理 [M]. 武汉：华中科技大学出版社，2007.
3. 张春敏，刘世青 . 财务管理实训 [M]. 武汉：华中科技大学出版社，2007.
4. 中国注册会计师协会 . 财务成本管理 [M]. 北京：中国财政经济出版社，2010.
5. 杨欣 . 财务管理实训与练习 [M]. 北京：中国财政经济出版社，2007.
6. 一考通自考命题中心 . 管理会计 [M]. 北京：国家行政学院出版社，2010.
7. 宋秋萍 . 财务管理实训教程 [M]. 北京：中国财政经济出版社，2006.
8. 张鸣，王蔚松 . 财务管理学习题与案例 [M]. 上海：上海财经大学出版社，2006.
9. 杨欣 . 企业财务管理——配套练习册 [M]. 上海：立信会计出版社，2010.

全国高等会计职业教育系列规划教材

会计核算基本技术
会计核算基本技术习题与技能训练
会计核算基本技术综合实训
出纳实务
财务会计实务
财务会计实务习题与技能训练
财务会计分岗实训
财务管理实务
财务管理实务习题与技能训练
成本会计实务
成本会计实务习题与技能训练
纳税实务
纳税实务习题与技能训练
审计实务
审计实务习题与技能训练
会计综合实训
会计信息化实务
Excel在会计中的应用
企业经营模拟
会计法规
行业会计

联系人：柴　艺　　E-mail：charcoalchai@126.com

武汉大学出版社（全国优秀出版社）